피 피 피
 리 리 리
   부 부 부
 는 는 는
여 여 여
 자 자 자
  들 들 들

피리 부는 여자들

여성 간의 생활·섹슈얼리티·친밀성

목차

● ● ●	○ ● ●	○ ○ ●
긴 행렬을 부르는 그림	끝나지 않는 춤을 추고	소리가 나는 곳을 따라
이민경	서한나	권사랑
92	52	10

기
획
의
　변

새로운 이야기를 할 때가 됐어요.
다시 한번 피리를 불어야겠군요.

작년 여름, "내게 선생님은 모두 여자였다"로 시작하는 글을 썼다. 보슈 팀에서 주최한 글쓰기 강의 중 이민경의 강의를 들은 뒤 쓴 것이었다. 선생님뿐일까, '일의 기쁨과 슬픔'•을 함께하는 동료 선아와 사랑, 나를 이해하고 기다려주는 사람. 내가 무언가를 이루었을 때 자랑스럽게 보여주고 싶은 사람 전부 여자였다.

　　나는 남자 없이 잘 사는 여자로 살면서 의아함과 함께 지냈다. 세상의 생김새를 들여다보며 불일치를 파악했고 나를 적당히 가리는 대신 다른 걸 내미는 법을 익혔다. 나의 개구진 면은 나의 돌출된 면을 선택적으로 부각해 사람들을 놀래키고

• 　작가 장류진의 소설집 제목

웃기는 데 쓰였다. 나는 특이하고 재미있는 애로 누군가의 지인이 되어왔다. 내 자세는 어딘가 엉거주춤한 것이, '있다'기보다는 '놓여 있는' 것 같다.

엉거주춤하기로 둘째가라면 서러울, 달려 나갈 땐 상체부터 나가고 멀리선 눈빛이 선명해 눈동자 두 개만 동동 떠 있는 것처럼 보이는, 첫눈에 기이한 이민경이 나를 알아본 것이 그러니 이해된다. 주변을 더듬거리다 나를 더듬어버린 것이다.

민경은 내게 자주 연락했다. 시시콜콜한 이야기는 카카오톡 메시지로 보냈고, "한나야, 사람에게 의심 없이 빠지고 사랑하면서 또 한편으로 단편적인 지식에 만족하지 않으며 의심하는 사람이 될 수 있는 걸까? 명료한 시각으로 혼란을 받아들이는 사람이 되어야 할 텐데"와 같은 말은 메일로 보냈다. 굳이 내가 아니어도 될 말을 내게 한다고 생각했다. 그럼에도 충실히 답했던 이유는 그가 시대와 관계를 진심으로 주파하는 '내가 아는 사람 중에 가장 똑똑한 사람'*이기도 하지만, 무엇보다 그가 쓴 문장이 마침표마다 내 몸 어딘가에서 나를 엉거주춤하게 만들었던 안개가 어떤 모습인지 가리키고 있었기 때문이다.

여기 세 사람의 글이 있다. 모두 엇비슷한 불일치감을 지닌 채 살아간다. 우리가 주변시**로 본 것들, 그것으로 범벅된 현재를 그리듯이 보여준다. "순간을 부여잡는 데로 신경이 쏠리는 눈을"(이민경) 가진 이들은 때로 세상을 견딜 수 없고, 세상도 이들을 견딜 수 없어 한다.

글을 쓰는 동안에도 주변에서는 난리가 나고 있다. 비혼 여성 커뮤니티가 지역별로 생겨나는 와중에 행정은 여성 1인가

---

* 뮤지션 신승은의 노래 제목
** 시야의 주변부에 대한 시력. 약한 빛이나 움직임을 보는 힘이 강하다.

구의 어려움을 1인가구 지원으로 해결한다. 저기선 청년이 되고 여기선 1인가구가 되느라 담을 수 없었던 엄밀함을 우리는 '비혼후갬'(대전 비혼 여성 커뮤니티)에서 구현하고 있다.

사랑은 하우스메이트와 사는 이야기를 써냈다. 그는 적게 버는 여자 둘이 함께 살며, 모여 살면 이리 좋으니 너도 선화동으로 이사 오라며 친구를 한 둘씩 불러 모은다. 나는 고등학생 시절 편지를 들켜 둘러대느라 진땀 빼던 역사를 뒤집고, 어디서 어떻게 여자를 만나 어떻게 헤어졌으며 지금은 어떤지 낱낱이 썼다. 이어질 이야기는 독일 하멜른에서 전해져 내려온 '피리 부는 사나이'와는 무관하지만, 피리 소리에 어린이들이 따랐고 그 후로 그들의 행방을 아는 사람이 하나도 없었다는 점에서 결말이 닮았다. 우리는 사람들이 모르는 곳에 와있다.

민경이 제안했던 제목 '한 호흡으로 읽을 것'은 독법이기도 하지만, 쓰는 과정에서 섞인 호흡과 참조점 없이 살아가며 호흡법부터 배워야했던 이들이 창조해낸 호흡을 강조하는 말이기도 하다. 한 호흡으로 읽었을 때 그려지는 상은 누군가에게 모험담일 테다. 제목은 '피리 부는 여자들'이 되었고 이것은 피리 소리를 증폭하는 시도다. 현상하기를 잊었던 오래된 필름이 도착했다.

2020년 4월, 서한나

삽화 1·김나현, 24x32cm_acrylic on paper_2020

[소리가 나는 곳을 따라]

권사랑

이렇게 집을 나왔다

"언니 방이 핑크색이라고요?"

부모님과 함께 살던 집의 내 방 벽지가 핑크색이라고 말하면 친구들은 놀라거나 웃거나 둘 중 하나를 했다. 내가 검정이나 회색 방에 살 것 같냐봐, 하면 그 편이 훨씬 설득력 있다고 말했다. 그러면 나는 왠지 오기가 생겨, "핑크색에 하트도 있는데? 그 위에 왕실풍 의자 그림도 있는데? 방에 인형도 열 몇 개 있는데? 커튼에 레이스도 달렸는데? 그 상태로 10년 넘게 살았는데?" 하고 쏟아냈다. 친구들은 그 말을 못 믿고 기어코 집에 와서야 내 말이 모두 사실이란 걸 확인했다. 그러곤 왠지 측은하다는 듯한 표정으로 "너 진짜 착하다…" 하고는 거실로 가서 과일을 먹었다.

'핑크방'에서 20년을 넘게 살았다. 초·중·고등학교와 대학교까지 다니는 동안 매일 거기서 자고 깼다. 핑크색 벽으로 둘러싸인 침대는 제일 익숙하면서도 불편한 느낌이 드는 곳이었다. 집에서 멀지 않은 대학에 합격했을 때엔 "그래, 딸이니까 그래도 같이 살면 좋지" 하는 말을 들었다. 그 말과 관련 있는지 모르겠다만, 대학 다니는 내내 밤 11시 통금이 유지됐다. 통금을 어기지 않으려 노력했으나 그거 말고도 싸울 일은 많았다. 페미니스트가 된 후, 뉴스에서 안희정 성폭행 사건이 나와 화를 씩씩 내고 있으면 엄마, 아빠는 벙찐 표정을 했다. 니 일도 아닌데 왜 그렇게까지 화를 내. 이게 내 일이지 어떻게 아니야? 그들은 페미니즘인가 뭔가를 하고 나서 내가 불행해질까봐 걱정된다고 했다. 보슈 일을 시작한 이후로는 더 했다. 우린 늦게 만나고 늦게 헤어진다. 보통 낮 12시에 일어난다. 다른 애들이 아침 7시에 일어나 씻고 화장하고 9시에 출근했다가 점심까지 먹고 있을 시간에 나는 꼬질꼬질하게 잠이나 자고 있으니 엄마 복장이 터진다고 했다. 얘는 취직을 한 것도 아니고 창업을 한 것도 아닌데 밤마다 늦게 들어오고….

"저녁에 행사를 하는데 어떻게 아침부터 준비해?"
"맨날 행사가 있는 게 아니잖아. 아닌 날은 오전에
만나면 되잖아? 다들 그렇게 해."
"다들 그렇게 하는 게 뭐가 중요해?"

서로를 참아주는 사람들이 함께 살면 어떻게 될까? 엄마와 아빠가 '너를 이해하는 게 너무 힘들지만 엄청나게 노력해' 말할 때, 그것은 '포기'와 비슷한 의미로 들렸다. 이해하고 결국 외면하게 되는 과정의 마음은 너무 괴로워 보였다. 부모 자식 간 '이해'는 다른 인간관계에서의 이해와 전혀 다르게 작동하는 것을 알았다. 내가 있는 그대로 사는 게 그들을 괴롭게 하는 일이라고 생각하면 슬퍼지는 날이 많았다.

핑크색 벽지와 레이스 커튼을 참고 있었던 건 착해서가 아니라 언젠가는 이곳에서 나갈 것을 알았기 때문이었다. 당장이라도 나가 새로운 집을 내 방식대로 꾸미고 싶었다. 하지만 한 달에 100만 원을 벌까 말까 한 활동가인 나에게 그 소원은 요원해 보였다. 월세만이 문제는 아니었다. 가족과 함께 사는 것은 답답했으나 꽤나 안정감을 주기도 했다. 일하는 시간은 엉망이어도 엄마의 잔소리는 최소한의 생활을 유지하도록 만들었고, 눈을 비비고 일어나면 엄마가 차려놓은 건강한 식탁이 보였다. 감기에 걸리거나 발목을 다쳐 끙끙대면 엄마와 아빠는 당신이 아픈 듯 걱정했고 그 슬픈 표정은 안심을 주었다. 그런 가족에게 집을 나가겠다 말하는 과정도 겁이 났다. 결혼하지 않은 여자가 같은 지역 안에서 나가 살겠다 선언하는 건 이상해 보이는 일이니까. 함께하는 가족의 모습을 중요하게 생각하는 엄마가 서운해할 모습이 눈에 선했다. 나가고 싶은 것이 사실이면서도 '이제 나에게서 벗어나고 싶구나' 하는 쓸쓸한 표정은 보고 싶지 않았다.

  수많은 이유들로 인해, 언젠가 돈을 많이 벌면 나가 살 수도 있겠다, 먼 미래의 희망으로 생각하던 중, 지금의 하우스메이트 수연을 만났다. 수연은 직장이 있는 대전 선화동이라는 동네에 혼자 살고 있었다. 그는 대전의 성매매 여성 지원 기관 티움에서 일하고 있었고 세후 180만 원의 월급에서 30만 원의 월세를 내고 있던 참이었다. 어느 날 장난스럽게 이런 말이 튀어나왔다.

"투룸에서 같이 살아볼까?"

처음에는 농담 반 진담 반이었지만, 이야기할수록 같이 사는 것이 서로에게 나쁘지 않은 옵션인 것을 확인하게 됐다.

"이 주변 투룸 전세가 한 7~8천 정도 하는 것 같은데, 주거 지원 사업 참여해서 대출 받으면 이자 얼마 안 나온대."

"대전시에서 하는 사업은 인당 5천까지 대출해준다던데? 이율 엄청 낮아서 한 달에 총 10만 원 정도면 살 수 있을걸? 한번 알아볼까?"

계산기를 두드려보니 당시 수연의 원룸 월세 30만 원도 안 되는 금액으로 두 명이 투룸에서 살 수 있다는 계산이 나왔다. 우리는 함께 투룸을 얻기로 결정했고, 어느 날 밤 나는 부모

님에게 이 사실을 말한다. 나 친구랑 같이 살기로 했어. 우리가 작업하는 데에서 가까운 선화동이고, 돈은 한 달에 10만 원 정도만 내면 될 것 같아. 덤덤한 척 말했지만 안 그랬다. 이렇게 혼자 정해놓고 통보하는 게 무슨 경우냐고 언성이 높아질까 싶었으니까. 엄마, 아빠는 내 말을 듣고 약간 벙쪄 있더니 곧 헛웃음을 쳤다. 엄마는 "참 나, 이제 정말로 나가려나보네" 했다. 아빠는 껄껄 웃으며 말했다.

"아이고, 이제 재미없네. 말 안 들으면 집에서
나가라는 말도 못 하겠네."

됐다, 하는 생각에 기뻐 입 밖으로 꺼내지는 않았지만 나는 생각했다.

'대체 무슨 재미요…?'

돈 없는 20대 여자들이 투룸을 어떻게 구해요?

방 하나 이상 있는 집을 구하는 건 처음이라

투룸을 구해야겠다는 생각이 들었던 날 가장 먼저 한 것은 어플리케이션 깔기. 직방, 다방, 그리고 처음 들어본 별의별 부동산 중개 앱들. 네이버 검색 내역란은 '선화동 투룸 전세', 'LH 청년 임대 주택', '버팀목 전세 대출', '대전시 청년주택 임차 보증금 융자 지원 사업' 같은 것들로 빼곡해졌다. 검색하다보면 새벽 네 시는 훌쩍 넘겨 잤다. 며칠 밤을 그렇게 보내다가, 손바닥만 한 휴대폰 화면 속 방은 그만 보고 부동산에 전화하기로 했다. 수연이 괜찮은 부동산을 알고 있었다. 두근거리는 마음으로 전화를 걸었더니, "아 네, 선화동에 7~8천짜리 매물 두세 개 정도 있어요. 그럼 토요일에 방 보여줄게요" 했다.

  그리고 떨리는 토요일. 차를 타고 다니며 중개인이 들려준 말은 그 부동산에 대한 신뢰를 치솟게 했다. 우리가 직방과 다방에서 봤던 예쁜 집이 최근에 경매에 넘어간 적 있는 집이라는 것. 리스크가 너무 높은 집이라는 것. 만약 우리가 그 집에 들어갔으면 어느 날 길바닥으로 내쫓겼을 수도 있다고 했다. 전세금 7천만 원은 돌려받지도 못하고.

"요즘은 전세 가지고 장난치는 사람들이 너무 많아요. 7천만 원짜리 들어가는 사람들이 그 돈 다 어디서 났겠냐고."

오싹한 스토리를 들려주며, 자기가 보여주는 곳은 전부 안전한 곳이라고 했다. 돈 떼먹힐 일 없는 집. 급상승한 신뢰 아래 방 세 개를 돌았다. 집을 보러 가기 전에 각자 가지고 있던 조건들을 떠올리면서.

여섯 개 정도의 집에서 자취를 경험하며 품어온 체크리스트가 있었다. 베란다가 있을 것, 거실에 큰 창이 있어 빛이 들어올 것, 건물이 너무 낡지 않았을 것, 싱크대는 요리할 수 있을 정도로 클 것, 인덕션이 아닌 가스레인지일 것, 남향일 것.

3층, 6천 500짜리 투룸. 처음 들어간 집은 꼬질꼬질했다.
"여긴 별로죠? 여긴 별로고 다음 집이 괜찮아."

두 번째 집을 가기 전에 중개인이 이 빌라에는 집주인이 거주하고 있어서 관리가 잘되고, 급하게 내놓았는데 사람들이 눈여겨보는 곳이라며 기대를 불어넣어줬다. 빨리 나갈 집이니까 잘 봐야 한다며. 3층을 오르니 한 남자가 문을 열어주었고 안에는 여성과 아이가 있었다. 보행기에 앉혀져 있는 신생아가 우리를 신기하게 올려다보는 눈빛에 압도당해 다른 요소들이 눈에 잘 안 들어왔다.

"아기가… 있네요?"

아기가 있어서 그런지 짐이 많아 좁아 보였으나 거실의 큰 창문으로 들어오던 빛은 기억에 남았다. 세 번째 집은 거실도 베란다도 넓었지만, 내일 당장 칼질하다가 싱크대가 무너진다고 해도 이상하지 않을 것 같았다. 정신없이 집을 보고 난 후 중개인이 물었다.

"그래서, 어디가 제일 괜찮아요?"

본격적으로 집을 구해본 게 처음이라 우물쭈물하면서도 두 번째 집이 제일 괜찮았다고 말했다. 고민해보겠다고 하고 중개인과 헤어진 다음 날, 전화를 걸어 말했다. 그 집으로 하겠다고.

17평에 주방과 거실, 큰 방과 작은 방, 작은 베란다가 있는 집. 원래 다들 이렇게 한 번만 집을 보고 계약을 하는 건가? 불안했고 잘못된 선택을 한 것은 아닌가 싶었다. 운이 좋았던 거겠지만, 두 번째 집을 선택했던 것은 아직도 뿌듯한 선택으로 남아 있다. 우리가 보고 간 직후 웃돈을 얹어줄 테니 자기한테 전세를 놔달라는 남자도 있었다고 했다. 집주인은 여자 두 명 세입자가 더 편할 것 같다며 우리를 선택했다. 아마 더 깔끔하고 집을 잘 관리할 거라고 예상했을 것이다. 수연과 내가 얼마나 잘 어지를 수 있는지도 모르고… 하지만 이럴 때는 편견도 감사히 받겠습니다.

고객님은 대출 심사 대상이 아닙니다

이제 남은 문제는 돈이었다. 전세금 7천만 원. 수연이 대전시 주거 전세 지원 프로그램으로 대출받을 수 있는 돈이 5천만 원이었으니 우리의 이슈는 나머지 2천만 원. 사회생활 막 시작한 활동가 두 명에게 2천만 원이 있을 리 없었다. 해당 프로그램 담당자에게 전화를 해서 물어봤다. 혹시 1인당 5천만 원까지 대출이 된다면, 두 명이 같은 집을 들어갈 때 1억을 대출해줄 수는 없냐고. 대전시는 하나은행에 전화해보라고 했고, 하나은행은 안 된다고 했다. 같은 주택에 대해 두 명에게 각자 대출은 해줄 수가 없다고. 아니, 어차피 두 명한테 5천만 원씩 줄 거, 3천 500만 원씩 주면 뭐가 문젠데? 예산 더 굳는 거 아냐? 노발대발했다. 아무리 찾아봐도 정부나 지자체 주거 지원 프로그램 중에 함께 대

소리가 나는 곳을 따라

출을 받을 수 있는 프로그램은 없었다.• 우선 대출은 어떻게 되겠지 하고 부동산 계약을 먼저 했다. 계약금은 7천만 원의 5퍼센트인 350만 원. 부동산에서 여기저기 도장을 찍고 돈을 송금하는데 손이 바들바들 떨렸다.

"이렇게 큰돈은 처음 보내봐서요…."

내 말을 들은 집주인은 깔깔 웃었다.

"아이고, 귀엽네."

우선 계약은 해놨는데, 입주일까지 나머지 돈을 어떻게 구할지가 문제였다. 마지막 방법은 신용 대출. 나머지 돈을 은행에서 빌려보자. 그래도 이건 되겠지. 나는 보수 활동을 하고 있지만 월급을 받는 게 아니라 프리랜서에 가깝기 때문에 누구도 나에게 돈을 빌려주지 않을 걸 알았다. 그래서 수연이 큰돈에 대한 부담을 져야 했다. 국민은행 대출 창구 번호표를 뽑고 기다리는데 심장이 쿵쿵 뛰었다. 번호가 불리고 수연이 상담 창구로 갔고, 이내 얼굴이 하얗게 질려서 은행을 나가자고 했다.

"대출 안 된대."

"왜? 그게 무슨 소리야? 왜 안 된대?"

"우선 나가서 말하자."

알고 보니 국민은행 통장에 급여를 받고 체크카드를 쓰고 있지만, 급여 통장이 아닌 일반 통장으로 받고 있었을뿐더러 신용카드가 아닌 체크카드를 쓰고 있어서 대출 신용 조회가 전혀 안 된다고 했다. 철렁했다. 이제 계약이 2주도 안 남았는데… 급히 카카오의 비상금 대출을 알아보니 나는 대출 대상도 안 된다고 했다. '고객님은 대출 심사 대상이 아닙니다.' 내가 아무리

• 집을 구할 당시에는 잘 몰랐지만, LH에서 대학생과 취업 준비생을 대상으로 '청년 셰어형 전세임대'라는 정책을 내놓았다고 한다. 부모가 같은 지역에 살고 있지 않고, 아직 직장이 없는 상태라면 공동 주거를 시도해보기 좋은 정책인 듯하다.

못 벌어도 이건 너무한 것 아닌가? 속을 썩이며 알아보다가 수연은 카카오 비상금 대출에 더해 보험으로 담보 대출을 받고 친구에게 돈을 빌리기로 했고, 나는 적금을 깨 100만 원을 추가로 넣기로 했다. 독립선언이었기 때문에 엄마, 아빠에게 손을 벌리기 싫었지만, 결국엔 그렇게 해야 했다. 500만 원을 대출 받아주면 이자는 내겠다고. 엄마는 도와준다고 했다.

 그렇게 이곳저곳, 이 사람 저 사람에게 조금씩 빌려 투룸 전세금을 냈다. 그때 알았다. 세후 180만 원 받는 활동가와 프리랜서 활동가는 부모님의 지원 없이는 7천만 원짜리 투룸을 구하기 어렵구나. 운이 좋지 않았다면 포기해야 했을 거였다. 한편 그런 생각도 들었다. 내가 평생 『여자 둘이 살고 있습니다』에서처럼 그럴듯한 아파트를 사게 될 수 있을까? 내가 성공할 수 있는 가능성 같은 건 별로 없는데. 저렇게 살 수 있을까? 하지만 그때부터 없는 신용을 박박 긁어모아 은행에 보여주려면 내가 어떤 것을 해야 하는지는 알게 됐다. 적은 금액이라도 신용카드 쓰기, 고정적인 수입이 잡히지 않더라도 고정적인 지출을 인정해주는 대출 프로그램도 있으니 알아두기. 그리고 1000만 원 정도는 비상금으로 갖고 있어야 하는구나.

너 시집가면 주려고 했지

이사를 준비하며 이 말을 네 번이나 들었다.

"너 시집가면 주려고 했다니까."

집안 소품, 아기자기한 식기를 좋아하는 엄마는 내가 결혼하면 주기 위해 몇 년 전 휘슬러 냄비 세트를 샀다. 냄비 세트와 스테인리스 식기들은 엄마의 기대와 함께 몇 년간 먼지를 맞으며 베란다에 숨어 있었다. 이사 3일 전, 짐 정리를 하던 중 휘슬러 냄비 세트가 떠올랐다.

"엄마 나 이거, 휘슬러 세트 가져갈게."

"그걸 왜 가져가? 너 시집가면 주려고 한 건데."

예상 못한 반응은 아니었으나 엄마는 생각보다 진지하게 말했다.

"엄마 나 어차피 결혼 안 한다니까?"

"안 하면 못 주는 거지. 결혼하면 주려고 산 거니까."

나는 너무 어이가 없었지만 냄비 상자를 어쨌든 받아야

하는 입장이었으므로 최대한 어이없음을 숨기고 말해야 했다.
"엄마 난 앞으로도 결혼할 일이 없다니까, 어차피 내가 이 집에서 나갈 때 주려고 산 거면 지금 가져가야지."
"아무튼 안 돼."
"내가 결혼했을 때 이걸 주고 싶은 이유가 뭔데?"
"이거 가져가서 네 남편이랑 자식이랑 오손도손 행복하게 사는 걸 생각하면서 산 거지."
"엄마, 생각해봐. 내가 행복하게 잘 살길 바라면서 샀다며? 근데 나는 결혼을 안 한다니까? 결혼은 앞으로도 안 할 거고 친구랑 같이 산다니까? 내가 행복하게 잘 살길 원하면 지금 이걸 안 줄 이유가 없잖아?"

휘슬러 냄비 세트는 결국 이사 트럭에 실렸다. 이걸 쟁취하기 위해 같은 대화를 세 번이나 했다. 엄마가 딸을 위해 무언가를 미리 사놓고 행복을 비는 마음이 감사하기는 했다. 그렇지만 "너 결혼 안 하니까 못 주는 거지 뭐" 하는 이야기를 들었을 땐, 그 선물을 준비하는 이유는 대체 무얼까 질문하게 됐다. 나의 행복이 이유라면 결혼과 상관없이 기꺼이 주어야 하는 것 아닌가. 엄마는 아직도 "그래, 니가 결혼 안 한다고 생각하는 것도 알겠지만 너무 그렇게 단정 짓고 살지는 마. 좋은 남자를 만나게 되면 결혼할 수도 있는 거지" 말한다. 백 번의 비혼 선언 후에도 "결혼하면 준다고 했잖아" 하는 엄마의 말은 아직도 그가 기대를 버리지 않았음을 알려준다. 엄마의 '단정 짓지 말라'는 가정에서 가장 황당한 부분은 '남자'다. 28년 동안 남성 때문에 기쁜 적도, 그를 원한 적도 없는 내게, 어느 날 괜찮은 남자가 찾아와 그를 의지하고 사랑하며 살았으면 좋겠다는 엄마의 소망은 얼마나 황당한가. 여자들에게 둘러싸여 편안하고 즐거웠던 내 삶에 남성이 찾아오면 불안과 가난에서 구원받게 될까요. 맥락 없는 기대.

휘슬러 냄비에 라면을 끓여 먹다보면 종종 나의 황당함을 무시하던 엄마의 표정이 생각났다. 결혼하지 않은 내가 하는 말들은 왜 '아직 뭘 잘 몰라서 그러는 것'으로 들릴까. 비혼 여성 공동체를 꾸리겠다는 이야기에, 여성 단체에서 일하는 몇몇 선배들조차 "그래도 결혼을 선택지에서 지우지는 말아요" 하는 조언을 했다. 대전에서 페미니즘 활동을 해요, 소개했을 때의 반응은 뜨거웠지만 비혼 여성이 90명이나 모였다는 말에는 어디서나 찝찝한 반응이 돌아왔다.

"여성의 삶에서 남성을 빼면 어떤 일이 생길 것 같은데요?"

대학에서는 성희롱 단톡방을, 화장실에서는 불법 촬영을, 남성과의 관계에서는 데이트 폭력을 경험한 여성들에게 '노후가 불안하니 결혼은 해야지'라는 말은 황당하기 그지없다. 실제로 독립 후 짜증나는 순간은 무례한 남성 배달 기사와 골목에서 큰 소리로 떠드는 취한 아저씨들을 만났을 때뿐이었다. 여자들과 있을 때는 짜증이 안 난다구요. 내가 행복한 삶을 살길 바라, 엄마? 언젠가 괜찮은 남자를 만날 수도 있다는 말을 하는 것보다 지금 함께 지내는 친구들과 잘 살게 해달라고 기도하는 게 더 빠를 것 같아.

P.S. 냄비는 고마워.

같이 살면 안 싸워요? 돈은 어떻게 해요?

진짜 안 싸워요?

내가 친구와 같이 산다고 하면 사람들은 묻는다. 수연의 어머니도 수연이 나와 산다고 말했을 때 "왜 친구랑 살어? 같이 살다가 의 상해" 하셨다고 했다. 비혼후갬에서 만난 비혼 여성들도 가족이 아닌 사람과 같이 사는 것에 대해 부담이 있었다. 같이 살게 됐는데 막상 안 맞으면 어떡하죠? 싸우면 어떡해요?

어느 날 식사를 함께 준비하다가 수연이 머리 위 높이의 찬장을 열었다. 동그란 사기 접시가 개수대 쪽으로 굴러떨어져 깨졌다. 우리는 놀랐고, (지난번에 설거지를 하고 그릇을 정리했던) 내가 몇 번 사과를 하고 식사를 시작했는데, 분위기가 좋지 않았다. 화가 났냐고 물으니 한참 뒤에 수연은 대답했다.

"나는 안전에 대한 불안이 되게 높은 편인데,
저번에도 이렇게 떨어지려고 해서 잡은 적

있었거든. 내가 잡았으니 다행이지, 만약에 머리
위로 떨어졌으면 어떤 일이 벌어졌을지 모르는
거잖아? 사실 이건 조금만 조심해서 놓으면 되는
일인데…"

맞는 말이었다. 하지만 당시에는 아무 말도 하지 않고 계속 밥을 먹었다. 속으로는 이런 생각을 하고 있었다. 주로 내가 설거지를 담당했는데, 설거지를 마치고 그릇을 정리할 때마다 매번 애를 먹었다. 크기가 큰 그릇들을 정리하려면 어떡하지 고민하다가 다이소를 몇 군데나 돌면서 산 접시 정리대였다. 당시 집을 꾸미고 정리하거나 자잘한 정리 도구를 사는 것을 대부분 내가 하고 있었기 때문에, '조금만 유의했으면 괜찮았을 텐데'라는 말이 조금 억울하게 느껴졌다. 그날 식사는 그렇게 말없이 끝났다. 깨진 그릇은 버렸다.

또 어떤 날은 내가 러그를 사고 싶다고 말했다. 우리 집에는 수연과 나만 사는 게 아니라 고양이 나무도 살고 있다. 가뜩이나 나무 털 때문에 지저분한데 러그까지 생기면 감당할 수 없을 거라고, 수연은 거절했다. 집 꾸미기에 심취해 있던 나는 나무의 털이 눈에 들어오지 않았고 몇 번이나 러그를 사고 싶다며 노래를 불렀다.

다음 날엔 거실 커튼을 사고 싶다고 말했다. 전 주인이 놔두고 간 커튼(이상한 빤짝이)을 떼지 않은 채 몇 개월이나 지낸 상태였는데, 예전 수연 집의 암막 커튼과 새로 산 저렴한 커튼이 집에 있었다. 그것들은 작은방에 달고, 거실을 위한 예쁜 커튼을 사길 바랐다. 수연은 "내 암막 커튼이랑 새로 샀던 거 있잖아?" 했고, 나는 작은방에 달아야 한다고 말했다. 이런 이야기가 몇 번 오가다가 또 수연의 입이 굳게 닫히는 순간이 있었다. 왜 그래? 물어보니 한참 후 대답이 돌아왔다.

"그냥, 우리가 되게 다르다는 생각을 했어. 나는 집에
필요한 것만 딱딱 놓고 굉장히 미니멀하게 사는
스타일인데, 너는 예쁜 환경을 중요하게 생각하고

인테리어에 필요한 것들을 많이 들여놓는 편이잖아. 나는 공간이 좁아지는 게 스트레스인데, 그런 부분이 좀 다른 것 같아."

계속 정리를 미뤄두었던 터라 작은방과 거실에 짐이 가득 쌓여 있었고 내가 계속 들여오는 소품들은 테트리스 블록이 된 상태였다. 나는 정리를 하고 난 후의 모습을 이미 상상할 수 있었으나 청사진이 없었던 수연에게는 물건들 하나하나가 스트레스였던 거다. "거실 이쪽에는 소파, 저쪽에는 화분이 들어가고, 나머지 짐들은 작은방에 들어갈 거야, 너무 걱정하지 않아도 돼" 하며 설득했다. 결국 러그는 포기한 후 커튼은 쟁취했고, 지금은 넓직한 상태로 집이 유지되고 있다.

이 두 번이 우리가 같이 살면서 냉기가 돌았던 순간들의 전부이고, 그 외에는 집과 관련해 큰 트러블 없이 잘 지내고 있다. 우리가 불화 없이 잘 지내고 있는 것은 갈등을 피하려고 하는 둘의 성격 때문이기도 하겠지만, 다른 이유도 있다. 나는 지금까지 가족이 아닌 '남'과 살아본 경험이 많은데, 그 수를 세어보니 열두 명이다. 이들 중 몇 명과는 방을 공유했고 몇 명과는 거실을 공유하며 살았다. 이 열두 명과 싸운 횟수는 아주 적다. 가족이 아닌 사람과 살면 노력을 하게 된다. 가족이기 때문에 누군가는 당연히 희생하고 누군가는 그 희생을 당연히 여기며 사는 집이 대부분. 많은 사람과 함께 살아보며 적당한 거리를 지키는 법, 갈등을 조정하는 법을 알아갔다. 이삿짐을 옮길 때마다 갈등의 빈도는 줄어들었다.

나에게 잘 맞는, 나와 즐겁게 시간을 보낼 수 있는 사람과 함께 사는 건 꽤나 즐거운 일이 된다. 보통 바깥의 일이 재밌고 집은 그냥 집이라고 하는데, 어쩌면 집에서의 삶도 바깥의 삶처럼 즐거운 경험이 될 수 있다는 것. 특히 캘리포니아 유학 시절 겪은 즐거운 공동 주거 경험은 한국으로 돌아와서도 '타인'과 함께 사는 것의 가능성을 열어주었다. 한국에서 전세, 월세를 얻으면 2년 동안 꼼짝 못하게 될 것이라는 불안은 당연하다.

하지만 '한번 살아보는 것'도 필요하다. 만약에 살아보고 아니라면, 다음에는 혼자 살거나 다른 사람이랑 살 수도 있다. 혼자 사는 것도 함께 사는 것만큼이나 위험부담이 많은 일이나, 우리는 혼자 사는 것의 위험에 익숙한 데 비해 원가족이 아닌 이와 사는 것의 위험은 아직 모르기 때문에, 잘 아는 위험을 다시 선택한다. 다른 선택의 단점을 영영 모르고 사는 것보다, 내가 어떤 삶의 형태로 사는 게 맞는지 체험하고 나서 선택하는 것이 낫지 않을까. 비혼 여성들이 더 다양한 주거 공동체를 상상하고 경험해보길 바란다. 나와 수연이 이 삶의 형태로 우선 뛰어들었지만, 잘 살고 있는 것처럼.

이런 이야기를 했을 때, 다른 보슈 멤버 역시 라이프 스타일이나 생활 습관 차이로 다투지 않을까 걱정된다고 말했다. 그때 나는 이렇게 대답했다.

"함께 살기 전에 정확한 가이드라인을 만들어두는 게 좋을 거 같아. 결혼을 해서 살아도 서로 지켜야 할 룰이 있는 건데, '결혼했으니까 같이 잘 살자', '좋은 게 좋은 거다' 퉁 치고 넘어가잖아. 설거지, 생활 소음, 청소, 역할 분담 등 같은 집에서 사는 데 필요한 규칙을 세워놓고 서로의 영역을 지켜주면서 살아가는 게 중요한 것 같아. 그리고 그 규칙을 이해하고 따라줄 거라는 믿음이 가는 사람과 함께하는 게 먼저겠지. BIYN• 희원 님이 말했던 것처럼, 여성 주거 공동체를 다룬 『마흔 이후, 누구와 살 것인가』라는 책에 이런 대목이 나오잖아. '우리는

• BIYN(기본소득청'소'년네트워크)의 보스턴피플 팀은 생활동반자법의 국회 본회의 통과를 목표로 행동한다. 보슈는 보스턴피플의 활동가를 초대해 2018년과 2019년에 비혼 여성의 공동 주거를 주제로 강연을 진행한 바 있다.

이 상태가 너무 좋기 때문에 서로 노력한다. 우리는 이 관계를 망쳐버리고 싶지 않다.' 그런 마음이 드는 사람을 알아보는 게, 그 이후에는 서로 노력하는 게 중요한 것 같아. 그런 사람과 함께 있으면 모든 게 당연하지 않은 것이 되니까. 엄마랑 살 때는 차려져 있는 밥이 너무 당연했는데, 지금은 수연이 먼저 상을 차려놓으면 너무너무 고마운 것처럼."

근데 돈은 진짜 어떻게 해요?

인턴십을 위해 캘리포니아에 살았을 때는, 나와 맞는 사람인지 살펴보고 룸메이트를 선택할 수 있는 상황이 아니었다. 함께 프로그램에 참여하는 동기 대부분 서로 어쩌다가 매칭이 되어 사는 경우가 많았다. 이 룸메들 사이에 굉장히 많은 갈등이 일어났는데, 대부분 돈이 이슈였다. 쌀 사는 돈이 아까워서, 흩날리는 동남아 쌀을 산 사람. 그 모습이 너무 싫어서 내가 돈 더 내겠다고 하고 한국 쌀을 산 사람. 집에서 밥을 거의 안 해 먹는데 장을 엄청 많이 봐놓고 같이 돈을 내자고 하는 사람. 별로 같이 놀고 싶지도 않은데 택시비 아까워서 싫든 좋든 다른 사람 데려가는 사람… 나 역시 장을 볼 때마다 "아 그래요, 그거 사요…" 하며 속이 부글부글 끓을 때가 많았다. 갈등을 피하는 성격인 나는 한 번도 룸메들과 제대로(?) 싸워본 적 없지만, 돈 문제는 항상 어려웠다. 돈을 같이 내자고 했을 때 쩨쩨하게 여겨지면 어떡하지. 소비 패턴 지적할 때는 너무 민망한데. 돌아보면 애초에 함께 살면 안 될 사람들과 살아서 그 사단이 벌어졌던 것 같다. 선택하지 않은 사람과 살아야 했다면 돈을 어떻게 써야 할지의 문제라도 함께 선택했어야 했다.

수연과 함께 사는 집으로 이사를 하고 발생했던 첫 번째 지출은 가구와 전자제품이었다. 옵션이 가스레인지 하나뿐인 투룸에 들어가자니 사야 할 것 목록이 엄청났다. 처음에는 돈을 모아 같이 살까 생각했지만 논의하며 방법을 바꾸었다. 돈을 분담해서 내지 않고, 각자 더 필요하다고 생각되는 것을 하나씩 마련했다. 중고 냉장고와 세탁기, TV 장식장, 2층 침대는 수연이, 식탁과 레인지대, TV, 거울, 소파는 내가 마련했다. 수연의 어머니가 "왜 냉장고를 니가 혼자 부담해?" 물었을 때, 수연은 "나중에 서로 다른 집 살게 되면 어쩌게? 냉장고 아래위로 뜯어가?" 하고 대답했다고 한다. 우리의 고민을 한 번에 설명한 명대답이었다. 나중에 같이 살지 않기로 결정하게 된다면 생길 수 있는 갈등 요소를 줄이는 것이 중요했다.

또 이런 방식의 지출이 적절했던 이유는 집에 들여놓는 물건에 대한 기준이 서로 다르기 때문이었다. 예를 들면 나는 가구 하나를 사도 예쁘고 튼튼한 것을 사서 오래 써야 한다는 기준이 있었고, 수연은 나에 비해 디자인에 크게 개의치 않는 편이었다. '나에게 더 필요하고 중요한 거라면 내가 산다'는 것이 우리 규칙이 됐다.

나와 수연은 입주할 때 공동 통장을 만들었다. 전세금을 위해 대출한 돈에 대한 이자는 반씩 내고, 관리비와 식비는 공동 통장에서 지출한다. 초기에는 장을 보거나 배달 음식을 시켜 먹을 때 먼저 카드를 내미는 사람이 돈을 냈었다. 지금은 자연스럽게 공동 통장에 돈을 더 넣어두고, 배달을 시킬 때나 슈퍼에서 계산할 때 우리의 검정색 카카오 카드를 챙긴다. 둘 다 누가 돈을 더 쓰고 있는지에 대해 별로 골몰하지 않는 편이기 때문인지 돈 문제로 싸운 적이 없었다. 서로의 경제적 상황을 고려하며 유동적으로 지출을 해왔던 것이 또 다른 요인일 수도 있다. 만약 우리가 더 까다롭게 지출을 하는 사람들이었다면, 돈을 쓰게 되는 첫 순간부터 개인 지출과 공동 지출에 대한 규칙을 만들었을 것 같다. 그러나 상상만으로도 답답해지는 것을 보면, 역시나 지출에 대한 기준이 비슷한 사람과 함께 사는 것이 최선이지 않을까.

여자 둘/셋이 살고 있습니다

나에게는 식사를 같이하는 식구가 하나 더 있다. 보슈에서 디자인을 맡고 있는 선아는 "야, 나와!" 하면 3분 만에 만날 수 있는 거리에 살고 있다. 내가 독립하던 시기가 마침 선아도 대학가의 4평 남짓한 원룸에서 탈출할 시기였는데, 나는 가까운 곳에 살자며 여러 번 꼬셨다.

> "야, 선아야, 선화동이 좋은 게 여기 도청 근처에
> 길이 너무 예뻐. 그리고 대흥동도 가깝고 은행동도
> 가깝고 지하철도 옆에 있어서 편해. 만약에 너 혼자
> 주변에 아무도 없이 혼자 살면 너무 외로울 것 같지
> 않아? 가까운 데 살면서 밥 같이 먹으면 좋을 것
> 같아."

집값이 싸다는 월평동과 고민하다가 선아는 결국 우리 집에서 아주 가까운 곳으로 결정했다. 선화동의 위치와 거리 풍경을 이유로 댔으나 더 중요한 것은 가까운 곳에 살며 서로의

동네 친구, 혹은 이웃, 혹은 식구가 되는 것이었다. 선화동에는 우리 셋뿐 아니라 다른 보슈 멤버도 살고 있고, 멀지 않은 오룡역에는 또 다른 멤버가 한 명 더 있다. 우리는 이사를 할 때 서로의 짐을 함께 날랐고, 거의 매일 얼굴을 보고 있으며 오늘도 밥을 같이 먹었다. 추석 연휴에 각자의 본가를 다녀온 다음 날엔 12첩 반상을 먹게 됐다. 일을 마치고 택시를 타면 같은 곳에 내린다. 과일을 사면 반 나눈다. 한 번도 같이 살아본 적 없는 이들과의 공간적, 물질적 공유는 너무도 자연스럽게 진행됐다.

동네의 확장

"선화동에서 사는 느낌은 어때?"
충주에서 평생 살다가 대학 진학 때문에 대전으로 이사한 선아. 선아에게 선화동은 대전에서의 두 번째 동네다.
"이제야 근처 길을 조금 외웠어. 우리 집에서부터 300미터 반경까지 외운 것 같아. 길이 익숙하니까 살 만해. 주변에 아는 사람이 있어도, 내 패턴을 알고 공유하는 사람이 있어야 내 주변에 누군가 있다고 느껴지는 거잖아. 내가 움직이는 시간과 맞물리는 시간대를 사는 사람들이 있는 게 중요한 거지. 그래서 궁동(대학가)에서는 힘들었던 것 같아. 거긴 너무 많이 바뀌니까. 6년 정도 살다보니 패턴이 보이기 시작했어. 대학생들이 입학하고 기숙사에서 살다가 궁동으로 내려오고. 졸업 직전까지 취업 준비 하다가 취업하면 떠나는. 나는 궁동에서 계속 살면서 일을 시작했어서 그런 패턴이랑 달랐어. 주변에 누가 있는 걸 알아도, 연락하기 쉽지 않았던 것 같아. 보슈 일을 하며 살고 있을 때, 궁동에 있는 후배들은 다들 취업 준비 중이었어. 그러니까 만나더라도 할 수 있는 얘기가 너무 달랐어. 무언가를 공유할 수 있는 사람들이 아니었던 거지. 그런데 지금은 A할인마트를 가운데 두고 나랑 일상을 공유하는 이웃들이 생긴 거잖아. 선화동 세무서 근처에 내리면, 너희 집에 들러서 잠깐 만나고 들어가야겠다고 생각하게 되지.

　　　궁동에 살 때는 충대 도서관이나 정문 스타벅스에서 우리 집까지 15분 거리인데도 엄청 멀게 느껴졌어. 왜냐면 그 사이에 점처럼 걸리는 사람들이 없었으니까. 그런데 지금은 대전역에서 우리 집에 오는 길에 너희 집이 있고, 양지근린공원에서 우리 집 오는 길에 다영 언니 집이 있지. 목적지에서부터 우리 집 사이에 점이 하나 있으면, 그 점을 기준으로 길이 둘로 나뉘는 거지. 아는 사람 집이 사이사이 숨어 있어서 우리 집까지의 거리가 가깝게 느껴지는 것 같아. 근처 지리 외울 때도 사랑이 집에서부터 어디, 다영 언니 집 근처에서 어디, 이렇게 외워지더라고."

가족이 없는 지역에 사는 이들에게 '가까이 사는 비혼 여성'의 존재는 더욱 중요하다. 선아와 마찬가지로 수연 역시 공주에서 학창 시절을 보냈으며 스무 살이 되었을 때 대전에 왔다. 수연은 대학원 졸업 때까지 대학 근처에 살다가 직장에 따라 집을 옮겼다고 했다.

"내가 친했던 대학원 동기들은 학교 가까운 곳에서 살고 있으니 자주 만날 수 없잖아. 여기서는 주변에 아는 사람이 거의 없으니 직장이랑 집만 왔다 갔다 했고. 그래서 완전히 동떨어져 있는 느낌이었어. 그때 나에게 선화동이라는 곳은 완전히 '위치'일 뿐이었던 거지. 그냥 '선화동에 살고 있다'. 너희랑 같이 지내게 된 지금도 선화동을 완전히 내 동네로 인식하지는 않아. 공주와 대학 근처에서 워낙 오래 있었으니까. 나에게 동네라는 건 '누구 나와!' 했을 때 튀어나올 사람이 엄청 많은 곳이야. 그렇지만 적어도 이제는 선화동이 우리가 같이 사는 지역이라는 느낌은 들지."

나 역시 아직은 선화동을 '내 동네'로 인식하지 못하고 있다. 이곳에서 언제까지 살지도 전혀 알 수 없다. 전세 계약을 연장하게 될지, 그 전에 나만 먼저 이사하게 될지 전혀 알지 못한다. 그런데 우리 셋이 아니라 열 명의 비혼 여성이 이곳에 더 있다면 어떨까. 지금 집 계약이 만료될 때쯤이면 다시 '선화동 투룸'을 검색할 것이다. 수연도 말한다.

"내가 살고 있는 동네에 더 많은 사람이 있었으면 좋겠어. 공동체가 생겼으면. 이 동네에 비혼 여성들이 더 많이 살고 여기서 모임이 생기는 거지. 마을회관에 노인들이 모이는데, 노인들만 그런 공간을 쓰라는 법은 없잖아. 노인들도 외롭고 사람이 필요하니까 가는 건데. 그래서 20~30대 여성들도 그런 공간이 필요하다는 생각을 해. 그런 것들이 없는 지금의 상태에서는 늘 걱정되지. 몇 년 후에, 몇 십 년 후에 내 곁에 누가 있을까. 비혼이면 누구나… 혼자 남게 될 걸 걱정하는 것 같아."

규모의 경제

독립을 꿈꾸면서도 계속 유예하던 이유는 물론 돈이었다. 월세를 어떻게 감당해야 할지, 밥값은 어떻게 해야 할지. 고민을 끝낼 수 있었던 것은 수연과 함께 집을 구해 보증금과 밥값과 관리비를 나누어 낼 수 있다는 점 때문이었다. 각자 내야 할 월세 30만 원을 둘이 함께 낸다면 원룸의 세 배 사이즈의 집을 구할 수 있는 것 역시 중요한 지점이었다(실제로는 보증금을 같이 부담해 이자 약 15만 원으로 투룸에 살고 있다). 뉴욕에서 600달러를 지불하며 2평짜리 골방에 누워 있을 때, '좁은 집은 사람의 마음까지 좁게 만든다'는 것을 알았다. 혼자 누워 있으면 벽이 나에게 다가오는 것 같았으니까. 사람답게 살기 위해서는 적어도 방 하나에 거실 하나가 더 필요하다고, 나는 생각해왔다.

"여럿이 살게 되면서 좋은 점 중에 돈 얘기를 안
할 수 없을 것 같아. 나랑 수연이 같은 경우에는
관리비도 둘이, 집에 들어가는 이자도 둘이,
식재료비도 둘이 내고. 1인 가구면 음식 먹을 때도
다 남잖아. 시켜 먹는 것도 최소 금액이 있으니까
무리해서 시킨 뒤에 다 버리고. 같이 살면 확실히,
적은 돈으로도 더 풍요롭게 살 수 있는 것 같아."
같은 집에 살고 있지는 않지만 선아 역시 규모의 경제를 체감하고 있을 거였다. 선아는 말했다.

"택시비 엄청 절약하지. 나 궁동 살 때 대흥동까지
일주일에 세 번씩 택시비 만 원 넘게 쓰고 다녔잖아.
지금 그랬으면 나 파산이야. 한 달에 12만 원을
택시비로 쓴다니… 또 반찬 문제도 있지. 궁동
살 때는 집이 좁아서 그렇기도 했지만 나 혼자
먹으려고 하면 엄청 대충 먹게 되잖아. 그런데 여기
오고 나서 세 집 반찬이 모이는 경험을 해봤잖아.
생채, 온갖 김치, 찌개, 양배추, 호박전… 그래서
생각했지. 아, 여기서는 굶어죽지는 않겠다.
하다못해 뭘 시켜 먹어도 나눠서 내게 되고.
쓰레기도 덜 생기고. 내가 많이 해도 그걸 나눠 줄 수
있고. 그리고 밥 먹으면서 얼굴 한 번 더 볼 수 있고."
수연도 말했다.

"뭔가 나눌 수 있다는 게 좋은 것 같아. 마트에서
사고 싶은 과일이 있는데 양이 너무 많고 비싸다,

그러면 나눌 수 있고. 또 내가 어떤 물건이 없는데, 선아네 집에 있어. 그러면 빌릴 수 있잖아. 혼자였으면 다 사야 할 것들이었겠지."

송제숙의 책 『혼자 살아가기』에서 지적하듯, "젊은 비혼 여성들은 독립적인 성인으로서 혼자 살아갈 장소가 필요"하다. 비혼 여성에게 집은 단순한 생활 공간 그 이상을 의미한다. "자신의 삶에 대한 부모의 감시(친구의 집에서 자고 오거나 늦게 귀가하는 것에 대한 단속부터 집요한 결혼 압력에 이르기까지)를 숨 막혀" 하고, "그로 인해 삶이 침해받는다고" 느끼기 때문이다. 하지만 "젊은 여성은 젊은 남성과 달리 결혼시장에서 흠 잡힐 일이 없도록 결혼 전까지는 부모와 함께 살아야 한다는 통념"이 존재하며, 남성보다 훨씬 낮은 임금을 받는 데에 더해 그에 따라 은행 대출과 신용거래의 기회도 박탈당해 '자기만의 방'을 확보하기 더 어려워진다. 이때 공동 주거는 조금 더 쉽고 빠르게 자기만의 방을 만날 수 있는 방법이 된다. 수연과 나의 돈을 합쳐 보증금을 만들어내지 못했더라면 아직도 '왜 집에 안 들어오냐'는 전화를 받고 있었을 것이다.

안전

독립 이전에 살던 동네는 아파트가 밀집한 주거 지역이었고 밤에 가로등이 켜져 있어 거리를 돌아다닐 수 있는 곳이었다. 밤길 속 환하게 빛나는 경비실은 이곳이 안전한 곳이라는 표지판과도 같았다. '강남역 여성혐오 살인 사건' 때 친구들이 '밤에 집에 들어가는 길이 너무 무섭다'고 이야기하면 '그렇지' 하면서도 그 공포를 온전히 이해하지 못했다. 이사한 선화동의 빌라는 어둑한 원룸촌에 있었고, 이때부터 밤길의 공포도 내 언어가 됐다. 인터넷 설치 기사가 왔을 때, 정수기 설치 기사가 왔을 때, 도배 기사가 왔을 때도 그랬다. 수연이 출근한 사이 대부분의 기사들이 왔고 나는 그들과 단둘이 집에 있었다. 무슨 일이 생기지는 않겠지, 하면서도 휴대폰을 꽉 잡고 있거나 방문을 잠갔다. 그러면서 생각했다. 만약 이 집에 나 혼자 살고 있었으면 어땠을까? 이 근처에 아무도 살고 있지 않았다면 어땠을까. 전화 한 번에 달려와줄 사람들이 나에겐 있었다. 공포의 크기는 거기서 달라진다.

"원룸 같은 경우는 누군가 문을 열면 집 전체가 보이잖아. 단 한눈에 그 집 안의 상황이 파악되는 거지. 한번은 내가 배달을 시켜서 문을 열어줬는데, 그 순간 그 기사한테 우리 집 거실이랑 방문 두 개가 보이겠다는 생각이 들더라고. 방문 두 개를 보면 그 안에 다른 사람이 있을 수도 있겠다는 생각을 하지 않을까? 그래서 이 집 구조를 보면 남자들이 함부로 뭘 못 하겠다 싶더라고."

혼자 살고 있는 선아도 말했다.

"내가 평소에 너한테 이런 얘기를 하는 게 장치가 되잖아. '우리 빌라에 이상한 사람이 있다', '빌라에 이상한 일이 생겼다' 말하는 것들이. 같은 동네에 사는 사람이 이런 상황을 알고 있다는 것 자체가 안전장치인 거지. 당사자만큼은 아닐지 몰라도 내 상황을 이해하고 예의 주시 할 수 있고."

어느 날 보슈의 한 멤버가 술을 먹은 날 연락이 끊겨 난리가 난 적이 있었다. 잔뜩 취해 친구 집에서 잤다는 결론으로 소동이 끝난 후, 우리는 '내게 무슨 일이 생겨 연락이 안 될 때, 며칠 만에 사람들이 그 상황을 알아차릴까?' 궁금해졌다. 선아는 "내가 연락이 안 되는 편이기는 하지만"이라며 가정을 시작했다. 그때 나는 물었다.

"너 연락이 잘 안 돼?"

선아가 답장이 늦는 걸 저만 몰랐군요.

"너는 내가 연락이 잘 안 되는 줄도 몰랐잖아. 바로

옆에 살다보니 연락하는 빈도가 엄청 잦아서 몰랐던
거지. 아마 내가 연락이 두절된다면 니가 제일
먼저 캐치를 할 거야. 그리고 우리 집에 와서 문을
열어보겠지."

수연은 집 안의 창문을 잠그지 않고 자는 것이 이번 집에서 처음이라고 했다. 수연은 지금껏 네 개의 원룸에서 살아보았다.

"혼자 살 때는 밤에 문을 다 잠갔거든. 잊고 자다가도
벌떡 일어나서 잠갔었어. 1, 2, 3, 4층 다 살아봤는데
접근 가능성과 상관없이 그냥 다 잠갔어. 근데
지금은 전혀 신경을 안 써. 혼자 살 때 범불안장애가
있었어. 문을 안 잠그면 누가 들어올 것 같고, 누가
날 죽일 것 같고 이런 공포가 있었는데. 이제는
창문은 신경도 안 써. 둘이 살고 난 후 내가 위험에
처할 때 소리를 지르면 달려와줄 수 있는 사람이
있으니까 이제는 불안이 제로에 가까워졌어. 그
한 사람의 차이가 불안의 정도를 어마어마하게
바꿔놓는 것 같아."

"이번 설에 내가 본가 가고 너 혼자 있을 때, 어떤
사람이 계속 문 두드리고 소리 질렀다고 했잖아.
그때는 어땠어?"

"혼자 살 때만큼 무섭지는 않았던 것 같아. 나중에
누가 이 공간에 들어올 거잖아. 내가 전화하면
선아든 너든 바로 올 수 있고. 그게 정말 다르지."

같이 사는 것, 가까이 사는 것 말고도 안전을 강화하는 지점이 하나 더 있다. 서로의 집을 왕래하는 것. 그리고 이웃들이 그 모습을 보는 것.

"주거 정책 관련 회의에서 이런 얘기를 들은 적이
있어. 여성 전용 주택을 만들어놓고 그 안에서, 그
건물의 보안만 철저하게 한다고 완벽하게 안전한 건

아니라는 거야. 그 공간에는 계속 공포가 남아 있는 거지. 외부인이 보기에 그곳에 여러 사람이 오고 가고 있다는 인상을 줘야 안전해지는 거라고. 우리 집 앞에 맨날 모여서 담배 피우고 술 먹는 아저씨들 완전 많잖아. 그 사람들이 내가 여기 사는 것도 알고. 근데 그 사람들이 나를 해코지하지는 못할 것 같다는 생각이 들더라고. 왜냐면 나도 수연이랑 매일 같이 들어가고, 선아 너도 맨날 우리랑 왔다 갔다 하고. 이렇게 사람이 왔다 갔다 하는 모습이 계속 노출되니까, 그 사람들도 다른 생각을 못 할 거라는 느낌이 들더라. 혼자 사는 모습이 드러나면 타깃이 될 위험이 크니까."

외부인과 관련한 안전 문제뿐 아니라 건강 문제에서도 함께 사는 게 중요하겠다는 생각을 했다. 어느 날 수연이 자다가 땀을 뻘뻘 흘리는 것을 보았다. 수연은 저혈압이 있어 자주 어지러워 한다. '저혈압 있는 사람은 아침에 눈 안 뜨면 죽은 거다'라고 장난스레 얘기한 적이 있었다. 사람이 죽을 때가 되면 몸에 있는 수분을 다 배출한다는 얘기를 어디선가 주워들었던 나는 수연이 땀 흘리는 모습을 보고 너무 놀라고 말았다. 흔들어 깨워놓고 물어보니 그저 더웠을 뿐이라고 했지만, 그날의 오싹한 기분은 전혀 장난스럽지 않았다. 만약 더워서가 아니라 정말 몸에 문제가 있어서였다면, 그런데 그때 수연 옆에 내가 없었다면 어땠을까. 그날의 기억을 해프닝처럼 흘려보낸 수연이지만 위급한 상황에 대한 두려움은 여전하다. 수연은 생각해보니 적어도 세 명은 같이 살아야 안전할 것 같다고 말한다.

"만약에 한 명이 쓰러졌다고 생각해봐. 한 명은 CPR이든 뭐든 응급처치를 해주고, 그동안 한 명은 신고 전화를 해야 무리 없이 그 상황을 해결할 수 있잖아."

공동 주거는 집을 어떻게 바꿀까

수연과 나는 이사한 지 9개월이 되었는데도 사이즈가 맞는 세탁기 호스를 못 찾아 매번 베란다를 물바다로 만든다. 게으르고, 더러운 것도 잘 참는다. 반면 선아는 정리 강박으로 매번 손님들의 감탄을 자아낸다. 지금도 선아 집에서 원고 작업을 하고 있는데, 빨래조차 색깔과 줄을 맞춰 널어놓은 모습에 기겁했다. 세 명이 같은 집에 살지 않아서 스트레스가 적은 것이 다행인 한편, 서로의 집에 좋은 영향을 주기도 한다. 우리 집 한편에 쌓여 있던 가구 택배들은 선아가 온 뒤에야 겨우 햇빛을 봤다.

"선아가 온갖 사용설명서를 너무 잘 보지. 선아
없었으면 진짜 2층 침대 조립 못했어. 수연이랑 나랑
두 명이 했으면 한 다섯 시간은 넘게 걸렸을걸. 그때
세 명이서 두 시간 만에 조립 다 했던가?"
"내가 계속 한숨 쉬면서 언제 설치하냐고
재촉했잖아. 도착하고 3주 돼서 설치했나? 나
덕분에 적어도 3일은 일찍 설치했을걸."
"무슨 소리야. 너 아니었으면 지금까지 조립 안
했을걸? 침대만이 아니고, 솔직히 너 없었으면
아직도 거실이랑 작은방이 짐으로 꽉 차 있었을
거야."

선아가 가까운 데 살아서 좋았던 또 다른 점은 이렇게 가구를 설치하거나 무거운 짐을 옮기는 게 훨씬 쉬워진다는 거였다. 단순히 뭘 옮길 때 손이 하나 더 생겨서가 아니라, 어떤 일을 해야겠다고 마음먹을 때의 부담감이 줄어든다는 게 중요했다. 혼자 살았다면 2층 침대 조립을 어떻게 했을까? 아예 주문조차 하지 못했을 것이다. 주변에 언제든지 나를 도와줄 사람이 있다는 것은 삶 곳곳의 효능감과 직결되었다.

"맞아. 나 이사할 때도 혼자 하면 진짜 막막했을
텐데, 그래도 너희가 도와주겠지, 하는 생각이

있어서 훨씬 부담이 덜했어."

선아가 이사하던 날에 한나와 내가 이사를 도왔고, 나와 수연이 이사하던 날엔 선아가 짐을 함께 날랐다. 먼지 쌓인 거실에서 짜장면을 먹었다.

"나는 이런 것도 좋았어. 뉴욕에 혼자 살 때는 진짜 집이 개판이었거든. 머리카락 쌓여 있고, 의자는 옷 무덤 되어 있고. 지금도 지저분하긴 해도 이 집에 누군가 왔다 갔다 하게 되면 비교적 정리를 열심히 하게 되는 것 같아. 외부인의 존재가, 우리 집을 조금 더 쾌적하게 만들어야 한다는 동기부여가 되는 거지."

"나는 오히려 반대인 것 같아. 난 원래 강박이 심하잖아. 원래 나는 혼자 있으면, 집 안의 무엇도 바뀌지 않아. 원래 있어야 할 자리에 모든 것이 있지. 그런데 사람들이 오고 가면 내 집에서 사람 냄새가 나게 되더라고. 냉장고에 이것저것 쌓이고. 쓰레기도 늘어나고. 더 더러워졌다는 얘기는 아니고, 오히려 활력이 되었다는 거야. 궁동 살 때는 집이 좁아서 사람들이 오갈 수가 없었잖아. 집은 같은 상태로 두고, 일어나면 외로우니까 하루 종일 나가 있고, 들어오면 바로 자고 그랬어. 밖에서 작업하고. 니가 예전에 블로그에 '사람은 소리를 내지 않아도 소리가 난다'고 쓴 걸 봤는데, 나한테는 그 말이 그렇게 다가왔었어. 디자이너 친구가 집에 자주 오는데 이것저것 뭘 그렇게 두고 가. 코끼리 인형도 두고 가고, 배추전 같은 것도 가져오고. 포스터도 들고 와서 붙이려고 하고. 또 니가 우리 집에 반찬 가져오면 반찬통이 쌓이고. 물건 같은 게 섞이잖아. 그런 느낌이야. 내가 혼자 살면 절대 벌어지지 않을 일들. 내가 집에 혼자 있을 때에도

너희 집 반찬통, 보수 멤버가 준 배, 디자이너 친구가
놓고 간 충전기 같은 게 보이는데, 그것들이 덜
외로운 느낌을 주는 거 같애. 난 우리 집에 뭐가 어떤
장소에 있는지 하나도 빠짐없이 알고 있기 때문에,
뭐가 추가되는지 너무 잘 보이니까."

모든 것이 제자리여야 하는 강박이 있는 사람의 집을 흐트러뜨려놓는 것은 스트레스가 될 거라고 생각했다. 하지만 남의 물건과 나의 물건이 섞이면서 생긴 균열은 선아의 강박에도 영향을 미쳤다. 선아는 예전에 비해 강박이 덜해졌다며, '그럴 수도 있지'라는 생각을 하게 되었다고 했다.

반면 강박이라고는 없는 '사랑과 수연 하우스'의 수연도 나와 같은 경험을 했다.

"나도 혼자 살 때는 집이 진짜 더러워. 그런 집에
있으면 나를 더 쉽게 포기하게 되는 것 같아. 막 둬도
되는 거지. 이미 망가져 있으니까. 그리고 집 상태가
건강이나 삶의 패턴과도 직결되잖아. 만약에 밥을
먹고 싶은데, 설거지가 엄청 쌓여 있어. 냉장고에
막 썩은 음식 있어. 그러면 장보기도 싫어. 맨날
배달시켜 먹고. 내 몸이 안 좋아지는 걸 느끼는
거지. 집에 대한 이미지도 부정적으로 느껴져.
인간은 누구나 쾌적하고 깨끗한 집에 살기를
원하잖아. 아무리 청결에 대한 기준이 달라도,
지저분한 곳이랑 깨끗한 곳 중에 고르라면 누구도
지저분한 곳을 고르지 않잖아. 근데 내가 이미 내
집을 지저분하게 만들어놨는데 왜 들어가고 싶겠어.
'해야 하는데, 치워야 되는데' 하면서도 안 치워. 혼자
있으니까. 네 말대로 동거인의 유무뿐 아니라 우리
집에 찾아오는 사람의 유무도 영향을 미쳤어. 내가
학생 때 학교 근처 살 때는 놀러 오는 사람이 여럿
있어서, 최소한의 청결은 유지가 됐었어. 근데 이전

집으로 이사하면서, 이 주변에는 내가 아는 사람도
없고 올 사람이 없으니까 관리를 안 하는 거야.
완전 정글인 거지. 대충 살게 되더라고. 공간이 주는
감정이나 분위기가 있잖아. 그런 거에 영향을 많이
받게 되는 것 같아, 인간이라면."

게으르고 잘 안 치우는 인간 둘이 만나면 더 심각한 정글이 되겠다 싶겠지만 우리는 아니었다. 각자 예민하게 반응하는 청결 지점이 있었다. 그리고 그 지점은 서로 달랐다. 물때나 상한 음식의 곰팡이를 참지 못하는 나와, 바닥 청결에 예민한 수연. 수연이 심드렁하게 지나친 물때는 내가 박박 닦았고, 내가 고양이 털과 먼지로 가득한 바닥을 아무렇게나 밟고 다니면 수연이 청소기를 돌렸다.

"원래 나는 반찬에 곰팡이 300만 개 피어야 갖다
버리는데, 니가 냉장고 열면서 소리 지르니까 같이
버리게 되잖아. 설거지도 그릇이 없다 싶을 때만
했었어. 그런데도 혼자 살 당시에는 그럭저럭
쾌적하고 맘대로 살 수 있으니까 그 상태가
당연하고 좋다고 생각했던 것 같아. 그냥 편하니까.
근데 처음으로 같이 살아보니까 이전 생활의
단점들이 보이기 시작하더라구. 이제 비교점이 생긴
거지."

멘탈 헬스

비혼후갬에서 열렸던 '정신건강 클래스'가 하루 만에 매진될 동안 나는 우와, 반응 좋다, 감탄만 했다. 선아가 "너는 신청 안 하게?" 묻기에 대답했다.

"난 너무 건강해서…."

무던함과 단순함으로 정신건강 하나는 자신 있는 나도

우울을 경험한 적이 있다. 뉴욕에 혼자 살았던 때. 주변에 친구가 단 한 명도 없었을 때. 이야기할 사람이 없어서 입에서 단내가 나던 때. 우울을 떨쳐내고자 안 하던 조깅까지 시작했지만 그것도 며칠 못 갔다. 그때 나에게 필요한 건 운동 따위가 아니라 사람이었다.

> "뉴욕에 있을 때 철저한 고립감에 우울증 초기를 겪고 나서는 절대 혼자 살지 말아야겠다고 생각했었어. 가까운 곳에 친구가 살면 달랐겠지만, 어쨌든 혼자 있다는 감각에 질려버린 거지. 선아 너는 혼자 사는 거 괜찮아? 너는 혼자만의 공간이 되게 중요한 타입이지만, 그래도."

> "나는 우울을 느끼는 시기가 주기적으로 와. 갑자기 내 상황이 뭐 같고, 언제까지 이렇게 살아야 되나 싶고… 근데 생각해보니까 진짜 혼자 있을 때 그 시기가 오는 것 같아. 그럴 때마다 언니한테 전화해서 같이 살자고 해. 작년 말에 내가 엄청 힘들었던 시기에, 언니가 와서 3~4일 정도 같이 있었잖아. 그때 '아, 언니 없었으면 나 진짜 큰일났겠다' 생각했거든. 근데 언니도 최근에 우리 집에 와 있을 때 남자친구랑 헤어졌단 말이야. 돌아가고 나서 얘기하더라고. '그 힘들었던 순간에 너랑 밥 같이 먹고, 얼굴 보고 있지 않았으면 일상이 무너졌을 거'라고. 평소에 우울감이 찾아와서 감당하기 힘든 순간에 혼자 있으면, 정말 이겨내기 힘들잖아."

수연은 이전 직장에서 회사와 집만 오가며 회사 동료 말고는 아무도 만나지 않는 생활을 했다고 했다. 그 후 심한 우울증을 경험했다.

> "혼자 살 때는 집에 가면 아무도 없잖아. 빈 집. 어두운 집을 마주하면 오는 외로움이 있지. 우울할

때 혼자 있으면 하루 종일 침대에 누워 있어도
아무도 뭐라고 안 하잖아. 2년 전에 우울했을 때는,
주말 이틀 내내 침대에 누워 있고 밥도 안 먹었어. 그
상태가 지속돼도 환기시켜줄 사람이 없어서 더 오랜
기간 우울했던 것 같아. 근데 지금 내가 만약 하루
종일 침대에 누워서 울고 있으면, 니가 무슨 일이
있는지 물어줄 거잖아. 같이 산책을 나갈 수도 있고.
그래도 나는 심리 상담을 전공했으니까 무기력이랑
우울을 어떻게 극복해야 하는지 배워서 비교적 빨리
빠져나올 수 있는데, 그게 아닌 사람들은 그 시간이
훨씬 오래 걸릴 거란 말이지."

나에게 우울증을 선사했던 뉴욕의 그 작은 방에 누워 자주 했던 생각이 있다. 이 집이 아니면 어땠을까. 그 집 이전에 보러 간 집을 떠올렸다. 내 나이 또래의 여자 대학생 서너 명이 함께 살고 있는 집이었다. 집을 보러 들어가 있던 짧은 시간 동안 서로에 대해 물으며 생겼던 활기는 오래 기억에 남았다. 빨간 지붕에 흰색 페인트칠이 되어 있고, 우체통 앞에 자전거가 있었으며, 근처에 중국 사람이 운영하는 일식집이 있던 집. 그 모습은 아직도 잊지 않고 있다. 가격 때문에 망설이는 동안 다른 사람이 입주했고, 결국 나는 의사소통이 거의 되지 않는 중국인 할머니의 집에 세를 얻었다. 중국인 할머니의 집은 600달러, 내 또래들이 살던 집은 750달러였다. 150달러를 아낀 값으로 나는 그 도시를 증오하게 됐고 그곳을 도망치고 싶었다. 한국에 갈 날이 며칠 남았는지 매일매일 셌다. 150달러를 더 냈으면 그 아이들과 매일 스몰토크를 했을까. 서로 안부를 물으면서 가끔 밥을 같이 먹었을까. 같이 맨해튼에 놀러 갔을까. 1달러를 아끼려 껌 하나 사는 것도 고민했던 시기였으므로 사실은 분수에 넘치는 상상이었으나 그만큼 나는 절실했다.

"그때 나를 꺼내줄 수 있는 사람이 한 명이라도
있었으면 뉴욕이 얼마나 멋진 공간으로 기억될

수 있었을까? 그 생각을 많이 해. 사람들이 가장
열망하는 도시를 증오하면서 빠져나와야 했던 게
아쉬워. 만약에 지금 내가 혼자 살았다면 비슷한
기분을 느꼈을 것 같아. 보슈는 수입도 불안정하고
일하는 형태와 시기도 불안정하니까. 그런데
우리만 그런 게 아닐 거란 말야. 젊은 여자들 다
돈도 못 벌고 치안도 불안한 이 나라에서 얼마나
힘들겠어. 매일매일 기사에는 짜증나는 얘기만
나오고. 직장 가도 남자들이 빻은 말 할 거고. 여자들
우울증 안 걸리는 게 이상한 환경 아냐? 그래서
특히 비혼 여성들에게, 옆에 한 명 정도는 꺼내줄
수 있는 사람이 필요하다고 생각해. 같이 뭘 하자고
제안해줄 수 있는 친구가."

수연도 혼자 살던 때를 떠올리며 동감했다. 그는 퇴근하고 나서의 시간의 변화에 대해 이야기했다. 편의점 빼고는 집에서 한 발자국도 나가지 않았던 사람에게, 퇴근 이후의 시간에도 삶이 생긴 것이다. '수영 한번 해볼까' 6개월 동안 생각만 했던 집순이 수연은 나의 채근에 결국 수영을 등록했다. 혼자 살고 있던 상태라면 비혼후갬 커뮤니티에도 가입하지 않았을 것 같다고 말한다.

"근데 너랑 선아가 옆에 있고 같이 해보자고, 뭐라도
해보라고 얘기하니까 다 하게 된 거지. 혼자 하지
못했던 것들을 같이 할 수 있잖아. 좀 더 삶이
풍족해진 기분이지. 덜 외롭고. 덜 우울하고."

수연과 이 이야기를 나누다 보니 '야망보지' 서사로 이어졌다. 나는 말했다.

"'#비혼_여성의_삶'이랑 '#야망보지' 해시태그가
같은 시기에 부상했던 기억이 나. 비혼 여성으로
잘 사는 법을 논의하고, 야망을 가져서 높은
자리로 올라가고 여자들 돈 잘 벌고 잘 살자, 라고

이야기하는 플로우가 쏟아져 나왔었잖아. 그때 '비혼 여성 재테크 공부 모임', '비혼 여성 주식 모임' 같은 소모임이 굉장히 많이 생겼고. 사람들이 오픈채팅방 등에서 개별적으로 모이기 시작했는데 나는 이때의 모임과 우리가 이야기하는 공동체의 성격이 조금 다르다고 느껴. 나한테 그 모임들은 이런 이미지야. 개개인이 점으로 놓여 있고, 그 점 사이에서 경제 관련 정보가 병렬적으로 오가는. 그 점들이 원래 자리에서 수직적으로 앞으로 나아가는 느낌? 우리가 이야기하는 공동체는 그림이 조금 다른 것 같아. 비혼후갬 안에도 재테크 모임, 운동 모임이 있기는 하지만 그 주제들은 수단일 뿐이라고 생각해. 사람들이 원 안에 들어가 있고 그 원이 함께 굴러가는 느낌이야. 나는 이렇게 가야 조금 더 오래갈 수 있지 않을까 생각했어."
수연은 나의 말을 듣고 말했다.
"나는 사람들이 그 포인트를 놓쳤다고 생각하지는 않아. 그럴 수밖에 없었다고 생각해. 지금 당장 먹고살기가 너무 힘드니까 이 문제를 해결하는 게 너무 시급해 보일 수밖에 없잖아. 지금도 그 이야기가 유효하다고 생각하고, 앞으로도 그럴 거야. 그런데 나도 겪어봤지만, '야망! 돈 많이 벌어야 한다!' 이렇게 골몰하다보니까 빨리 피로해지더라고. 전투를 하러 가는 느낌. 늘 뭔가를 쟁취해야 하고, 준비해야 하고… 근데 이런 게 오래 지속되면 사람이 지치잖아. 지금은 조금 컴다운된 것 같은데, 아마 작게라도 나름 끈끈한 비혼 공동체가 생겼기 때문이 아닐까 생각해. 분투를 조금 내려놓고, 좀 더 안전하게 느끼게 될 수 있는 거지. 이 안에서 같이 우리가 잘 살 수 있는 방법을 고민하면서 자연스럽게 경제 이야기도 나오는 거고. 정보도 자연스럽게 이 안에서 흐르고. 나 말고 다른 비혼 여성들한테도 그런 게 생겼으면 하고 바라."
"맞아. 그 플로우가 처음 나오고 꽤 시간이 지난 지금 광주나 경북이나 경남에서도 꽤 큰 비혼 여성 커뮤니티가 생기게 된 것도 그런 이유에서인 것 같아. 지역에서 같이 잘 살 수 있는 길을 논의할 큰 단위의 공동체가 생긴 게. 다른 지역에서도 커뮤니티가 많이 생기는 걸 보고 기뻤어."

이렇게 평생 살 수 있을까?

어느 날 이모와 대화를 하다가, 내가 엄마에게 '결혼하지 않겠다' 선언한 것에 대해 엄마가 너무나 속상해했다는 이야기를 들었다. 뭐가 그렇게 속상하냐 물으니, 엄마는 '나와 아빠가 죽고 나면 사랑이가 혼자 남아서 도움 받을 사람 없이 외롭게 살아야 하는 게 너무 속상하고 걱정된다'고 말했다고 한다. 순간 그 걱정이 너무 어이없게 느껴졌다. 나는 지금 친구들과 가족처럼 살고 있고, 이 친구들은 남성과의 결혼 이상으로 더 많은 정서적 안정감을 준다. 서로의 건강과 안위를 살피고, 식사를 챙기며, 일상을 살펴준다. 엄마에게 '사랑이가 알아서 얼마나 잘 살겠어' 위로했다던 이모도 내 앞에서는 걱정을 꺼내놨다. 나는 물었다.
"그러면 이모는 결혼해서 행복하셨어요?"
이모는 깔깔 웃었다.
"그건… 아니지. 너희 엄마랑 나랑 가끔 하는 얘기가, 그냥 결혼 않고 우리 둘이 살았으면 얼마나 잘 살았겠냐, 그래."

남성과의 결혼으로 엄청난 고생을 했던 두 분은 그 인생을 씁쓸하게 회고하면서도 당신들의 자식이 결혼하기를 바란다. 그 점을 짚자 이모와 엄마는 짠 듯이 그래도 괜찮은 남자가 있을 거라 말했다.

"이모, 저는 지금 친구들과 정말 가족 같아요. 그리고 앞으로도 이렇게 계속 지낼 수 있을 것 같아요. 지금까지는 결혼을 해야만 가족처럼 살 수 있었지만, 앞으로는 더 다양한 형태의 식구들이 생길 거고 저는 기존의 혈연가족 관계 밖에 있는 사람들도 잘 살아나갈 수 있도록 요구하면서 살 거예요."

엄마의 말에 어이없고 화가 났지만, 그 대화 이후 덜컥 걱정이 몰려왔다. 엄마 말대로, 부모님이 돌아가시고 나면 크게 아프거나 돈이 필요하거나 다른 도움이 필요한 상황이 생겼을 때 어떻게 할 수 있을까. 혹여 친구들 중 누군가가 암에 걸린다면 난 얼마나 많은 도움을 줄 수 있을까. 전세금이 부족할 때 돈을 빌려달라고 부탁할 수 있을까? 결혼한 사람, 자녀를 키우는 사람에게만 해당되는 주택정책들을 보고 있노라면 내가 앞으로 몇 번이나 이사를 하며 살게 될지 궁금해진다. 저소득으로 삶을 영위할 게 뻔한 활동가인 우리는 평생 집을 살 수 없을 텐데. 옆에 있는 친구들에게 우리 모여서 살자, 이렇게 앞으로도 잘 살자 자주 약속을 구한다. 그러나 그 약속은 실처럼 언제든 끊어질 수 있을 것 같고 그래서 더 자주 물었다. 친구들은 그래 그래, 대답하지만 그 대답은 내 병도 고쳐줄 수 없고 집도 사줄 수 없을 것이다. 그렇게 생각했다.

이모와의 대화 이후, 40명에 불과하던 비혼후갬에는 90명의 비혼 여성이 찾아왔다. 올해 첫 행사에는 60명이 모였고 '끝나고 맥주 한잔 하실 분' 했을 때 30명이 넘는 사람이 줄을 섰다. 새벽 2시가 넘도록 대화는 이어졌고 그날의 활기는 며칠간 남았다.

우리는 이들 여성 청년을 위한 공간이 필요하다고 생각해 시청을 기웃거리기 시작했다. 성인지정책담당실과 공동체정책실, 복지여성실 등 관련 담당자들을 주별로 만났다. 비혼이라는 단어를 어떤 때는 숨기고 어떤 때는 드러냈다. 90명이나 되는 여성 청년이 모여 있다고 하면 시 사람들도 솔깃해했고, 1인 가구 의제에 시도 주목하고 있으니 그 파트너가 되어달라고 말했다. 뭔가 이루어질 것 같은 기분이 들었다.

시청에 다녀온 다음 날, 수연은 직장 동료가 대전에 있는 여성 전용 임대아파트 입주를 고민하고 있다는 말을 했다. 아주 낡은 아파트이긴 하지만 13평에 월세와 보증금 모두 10만 원 이하라는 소식에 "헐, 대박. 당장 다 같이 들어가야 하는 거 아냐?" 소리가 튀어나왔다. 각자 휴대폰을 들어 검색하자 '대화동 여성 근로자 임대아파트'가 나왔는데, 어쩐지 그 이름이 익숙했다. 선아는 말했다.

"예전에 정규 쌤이 말해주셨던 곳 아냐? 시에 비혼 여성 주택으로 요구해보면 어떻겠냐고 하셨던."

대전에서 여성 운동을 해온 한 선배가 해준 얘기였다. 이 임대 아파트는 현재 한 단체에서 위탁 운영하고 있는데 공실도 많고 관리도 어려운 상태이니 비혼 여성을 위한 주택으로 지정해달라고 건의해보라고 했다. "오, 그럼 진짜 좋겠네요" 하고 넘어갔던 이야기인데 이번에는 그냥 넘어가지지 않았다.

"비혼후갬 90명 다 들어가면, 진짜 딱이네."

"올해 대청넷 젠더 팀• 의제는 이거네. 대화동 여성

• 대전청년정책네트워크(대청넷)는 대전시 청년정책과 산하의 청년 정책 제안 기구다. 보슈 팀은 2019년부터 대청넷 안에서 젠더 팀을 꾸려 2020년에도 활동을 할 예정이다. 2019년 젠더 팀은 주택 보증금 공동 대출 정책을 제안했다.

전용 임대아파트, 비혼 여성 청년을 위한 아파트로 요구하기."

이 문장이 너무도 자신만만하게 튀어나왔던 건 그 전날 공무원에게 1인 가구 여성 청년을 위한 임대주택이 필요하다고 말하고 돌아와서, 혹은 비혼후갬에 대전의 비혼 여성들이 90명이나 모여서, 혹은 둘 모두 때문이었을 것이다.

며칠 전에는 천안에 사는 대학 후배에게 오랜만에 연락을 받았다. 보슈 팀의 한나가 페미니스트 유튜버 '하말넘많'과 했던 인터뷰를 보고 연락했다고 했다. 대학 때 같이 술 먹고 매일 장난이나 쳤지, 페미니즘 얘기는 해본 적 없는 친구라 의아해하던 차에, 후배는 한나가 영상에서 언급한 '단체의 공식화'를 말했다. 천안 비혼 여성 독서 모임 오픈채팅방에 들어가 있는데, 인터뷰를 보고 시의 지원 프로그램을 신청해보자는 논의가 시작되었다고 했다. 기쁜 마음을 누르며 지원서를 어떻게 쓰면 좋을지, 어떤 프로그램에 지원하면 좋을지 온갖 조언을 쏟아내고 전화를 끊었다. 흩어져 있던 비혼 여성 개인들이 서로 연결될 뿐만 아니라, 지자체에 자신들의 존재감을 알리고 정책에도 영향력을 미치리라는 생각에 앞으로가 기대되기 시작했다.

오늘도 선아는 우리 집에서 점심을 먹었다. 내일 수연도 나도 늦잠을 자고 일어나면 선아에게 '수나야 점심 먹언누…?' 카톡을 보낼 것이다. 세 명이 모인 식탁에는 반찬도 할 얘기도 웃음도 더 많다. 이 집의 계약이 만료될 때쯤 나에게는 몇 명의 식구가 남아 있을까? 개인의 차원에서 비혼의 삶을 위해 노력하는 것도 중요하겠지만, 제도의 변화로 더 많은 여성들이 더 나은 삶을 누리기를 바란다. 이모에게 말했듯 비혼을 선택한 여성들이 함께 모여 잘 살 수 있는 대전을 만들 것이고, 언젠가는 비혼 여성을 위한 아파트에 입주하게 될 것이라고 이제는 믿는다. 더 많은 집의 반찬이 모인 식탁을 기대하면서.

삽화 2 · 김나현, 34.8x27.3cm_acrylic on canvas board_2020

[끝나지 않는 춤을 추고]

서한나

끝나지 않는 춤을 추고

복도에서 교실까지

1

니트 조끼 입을까, 교복 조끼 입을까, 와이셔츠만 입을까, 넥타이도 할까 고르는 게 스타일 연출의 전부였던 고등학교 2학년 때, '찍으면 24점, 풀면 12점' 나오는 수리와의 싸움을 담판 짓기 위해 '수리 1타 강사'를 찾았다. 마이크 찬 강사와 60~70명 앉아 있는 대형 강의실은, 30분 동안 차를 타고 중심부로 진입하는 동안 지친 내게 위압과 설렘을 주었다. 교재는 조교에게 사면 되고 셔틀버스 탑승권은 데스크에서 받으면 된다는데 난 얼빠져 있다가 강의 끝나고 주변 애들이 푸드덕대며 일어날 때에 의자를 바짝 끌어당겨 지나갈 자리를 확보해주는 역할을 충실히 수행했다.

학교를 떠나 어둑어둑 길가에서 빛나는 로티보이나 엔제리너스 따위를 구경하며 걷는 것이 좋았다. 시내 아이들이 목에 걸고 다니는 학생증을 보면 왼쪽 가슴팍에 옷핀으로 꽂혀 있는 명찰을 슬쩍 빼게 됐다. 물감이 파스텔처럼 묻은 앞치마를 걸치고 컨버스를 구겨 신은 미대 입시생들이 까르르 지나가고 나는 그 옆으로 수저통 흔들리는 소리를 내며 걸었다.

학원 건물 1층 엘리베이터로 가면 제각각 다른 교복을 입은 아이들의 목소리가 웅웅웅 울렸다. 엘리베이터 문이 열리면 순서 없이 올라탔고 서로를 의식하는 듯 아닌 듯 이야기를 이었다. 나는 엘리베이터를 타고 쭉 올라갔다. 회색 치마에 흰색 셔츠, 회색 재킷, 회색 치마에 흰색 셔츠, 남색 조끼에 남색 재킷.

콧바람 쐴 기회였던 수학 강의는 그러나 빠져나갈 틈 없이 타이트했다. 번들번들한 얼굴에 왼쪽 가슴팍에 브랜드 마크가 손바닥만 하게 박힌 카라티를 입은 선생이 등장했다. 저런 사람이라야 1타가 되는 건가 싶게 활기찼다. 수강생들을 농담 재료로 삼아 웃기는 선생임을 고려해 나는 늘 중간에서도 약간 뒷자리에 앉았다. 앞에 앉은 애들 등에 숨어 인터넷 강의처럼 들을 수 있다는 것이 좋았다. 이날만 아니라면 확실히 그랬다.

선생은 한 사람씩 이름을 부르며 말을 걸었다. 이름 불리기 전부터 가슴이 뛰었다. 헛기침도 해보고 커피도 빨았지만 그럴수록 이 상황에 집중하게 됐다. 외면하려고 할수록 깊이 빠져드는 것이 그맘때 나의 특징이었다. 우습게도 선생이 언급하는 내 앞의 모든 이들을 나라고 여기며 조언을 새겨들었다. 그러니까 나는 좀 지나가주면 안 될까.

"처음 보네?" 얼굴이 붉어지고 있다는 걸 느끼는 순간부터 속도가 붙어 귀까지 뜨거웠다. 나에게 장난 걸어봤자 재미없을 거라는 듯 순진한 표정을 짓고 있었는데, 그는 눈치가 없었다. 다음 이름으로 넘어갔을 때 난 다른 걱정을 시작해야 했다. 얼굴 빨개진 걸 누가 봤으면 어쩌지, 선생의 농담에 얼굴이나 붉힌 걸 누가 봤으면? 그맘때 나의 두 번째 특징은 부끄러워하는 내가 제일 부끄럽다는 것이었다. 출석 체크가 이어지는 동안 주변을 둘러보다 나는 한 이름을 알게 되었다.

"모의고사 몇 점 나왔어, 빨리 불어." "니 머리에 이대 밑으로 가면 망하는 거라고 했어, 안 했어, 이년아." 선생이 욕을 섞을 때마다 애들 웃음소리로 강의실이 들썩거렸다. 정작 듣는 애는 아무렇지도 않아 보였다. 선생의 찌르는 목소리가 그 애에게 가서는 튕겨 나왔다. 여러 뒤통수 사이에 다른 뒤통수. 그 애는 달랐다. 양옆에 같은 교복을 입은 애들과도 달랐다. 그 애에게 무언가 중요한 게 있었다.

안경집, 필통, 교재, 그 애 물건은 멀리서 보아도 깔끔하게 정돈되어 있었다. 어깨선까지 오는 구불구불한 단발머리는 강의실 백색 조명 밑에서도 부스스한 잔머리 없이 매끈했다. 몸에 꼭 맞는 재킷, 소매 밖으로 흰색 셔츠 소매가 나와 있었고 그 끝에 펜을 돌리는 하얀 손. 팔꿈치에서 빛이 났다.

선생이 내주는 예제를 노트에 정리하겠다는 계획도 잊고서 내내 회색 치마 하얀 셔츠 회색 재킷의 저 학교가 대체 어디인지 찾기 시작했다. 뒷모습과 약간의 움직임만으로도 시선을 붙들어 매는 저 애의 정체는 대체 무엇인지, 어느 학교에 다니고, 끝나면 셔틀버스를 타고 가는지 618번 버스를 타고 가는지 같은 정보를 알아내면 좀 괜찮아질 거였다. 네이버를 탈탈 털어 7년 전 게시물까지 뒤졌으나 중고 교복을 판다는 글뿐이었다. 그 애가 혹시 뒤돌아보지 않을까 고개를 들어 앞은 쪽을 쳐다보기도 했지만 그 앤 시간이 궁금하면 손목시계를 봤다.

책걸상 끌리는 소리가 동시다발적으로 들려서 수업이 끝난 걸 알았다. 선생은 칠판지우개를 흔들며 말했다. "다음 모의고사 성적 문자로 보내놔, 실실 웃지 말고, 임지우." 소란한 틈에 그 애 목소리가 들리지 않았다. 옆자리에 앉은 아이가 가방을 챙겨 일어나면서 내 다릴 스쳐 내가 다리를 떨고 있는 걸 알았다. 그 애를 알고 싶었다. 이름 세 글자를 가진 누구와도 다른 그 애를. 회색 교복을 입은 누구와도 다른 그 애를.

내가 먼저 나가서 기다리면 가는 모습을 볼 수 있을 거였다. 필기구와 교재를 가방에 쑤셔 넣고 퓨마처럼 달려 나갔

끝나지 않는 춤을 추고

다. 그 애를 봐야겠다는 마음에 내가 어떻게 보일지 생각하는 건 뒷전이었다. 복도에 어정쩡하게 자리를 잡고 서 있었고 멀리서 그 애가 걸어오고 있었다.

그 애와 관련된 세상의 모든 비밀을 혼자 짊어지고 있는 사람처럼 가까워지지도 멀어지지도 못하고 있었다. 그 애가 내 쪽으로 걸어오고 있다는 생각을 하면 모든 판단이 마비되고 본능만 남았다. 곧 정면에서 보게 될 것이었다. 숨을 크게 들이마셨다. 복숭아 향이 났다. 그 애는 손에 휴대폰을 쥐고 있었다. 번호를 안다고 해도 전화를 건다거나 문자를 보낼 수 없겠지만 그 애가 쓰는 숫자의 조합이 궁금했다. 번호가 무엇이든 내게는 필연적인 느낌을 줄 것이다. 그에 관한 정보는 아무리 사소한 것이라도 우리 사이에 존재하는 무언가를 지시하고 있었다. 그 애와 친구들이 사람들과 부딪히지 않도록 신경 쓰면서 지나갈 때, 그 애가 나를 보았는지 기억나지 않는다. 그 애는 오른쪽 친구가 하는 말을 듣고 눈과 입으로 웃으면서 앞을 보고 걸었던 것 같다. 다시 뒷모습으로 바뀌고 그 애가 탄 엘리베이터 문이 닫혔다. 더 이상 볼 수 없다는 확신이 들 무렵, 가까운 화장실로 뛰어들어가 내 모습을 확인했다.

서늘한 밤공기가 가슴에 드나들었다. 이유 모를 용기가 솟았다. 다음엔 말을 걸겠다. 수학 문제를 묻든, 선생에 대해 묻든, 길을 묻든. 친해지고 싶다고 말해볼까. 학원에선 아무도 친해지고 싶어 하지 않잖아. 하지만 그 애를 더 알고 싶었다. 내게 어떤 표정을 짓는지, 말소리는 어떤지.

칠이 벗겨진 셔틀버스는 집으로 가는 내내 덜컹거렸다. 휴대폰 알림이 뜨면 번개같이 확인했고 그것의 정체가 친구가 보낸 "ㅋㅋㅋㅋㅋㅋ"라는 걸 본 뒤엔 지워버렸다. 알림이 사라진 휴대폰을 주무르며 생각했다. 문자를 쓰면 수신인 칸에 번호를 입력하지 않아도 그 애한테 도착했으면 좋겠다고. 그러나 그 애는 며칠 동안 학원에 오지 않았다. 그 애와 함께 다니던 친구들을 학원에서 마주칠 때 실망하면서도 안심했다. 첫 만남 이후 나는 내내 그 애 생각을 했다.

2

몽롱하고 불분명한 순간을 곧잘 꿈에 비유해왔지만 어떤 꿈은 너무도 선명해, 현실보다 더 현실 같다. 삶에서 가장 또렷했던 열여덟의 순간을 이제 와 기억해낼 수 있는 건, 혼미한 채로 폐 깊숙이 냄새를 맡고 피부에 닿는 모든 것을 날것 그대로 느끼며 몸에 드나드는 모든 걸 저장했던 날이기 때문이다.

나는 '럽실소'•를 전자사전에 담아 돌려 보던 무리에 속해 "너 다음 나!"를 외치는 애였지만, 내 차례가 돌아오면 흥미를 잃었다. 교과서로 전자사전을 가려놓고서 턱 괴고 창을 봤다. 걸레 자국이 남아 있는 뿌연 창 너머 급식실을 향해 뛰는 모습, 하얀 분필 가루로 그린 코트에서 피구 하는 모습이 보였다. 그 애 생각을 했다.

벚꽃 피고 진달래 피고 반 애들은 단체 사진 찍자며 담임 팔을 잡아끌었다. 햇볕에 달궈진 바위에 앉아 그 애도 이 냄새를 맡을까, 그 애도 꽃을 볼까, 그런 생각을 했다. 체육 시간 강당의 버건디색 커튼을 볼 때도, 학생주임의 눈을 피해 교문 앞에서 헐레벌떡 넥타이를 맬 때도, 야자 시작 전 하늘이 남색으로 변하면 그 애도 이 공기를 맡을까 생각했다.

문학 시간엔 평소에 들여다보지도 않던 교과서의 지난 페이지를 펴고『그 남자네 집』을 읽었다. 수학 시간엔 그날 학원에서 들은 삼각함수 부분을 얼쩡거렸다. 문학과 수학을 통해 그 애에게 가고 싶었다. 리코더를 통해서 가긴 좀 어려웠는데, 음악 선생은 수업 분위기가 좋지 않으면 가만히 있다가도 애들 휴대폰을 압수해 원망을 샀다. <시월의 어느 멋진 날에>를 연주하는 같은 반 애들의 리코더 소리가 꽤 진지해진 걸로 보아, 휴대폰 압수는 효과가 있었다. 리코더를 불고 싶지 않았다. 주의력을 흩뜨리고 싶지 않았다.

• 2010년대 초 유행했던 '러브 실화 소설'의 줄임말.

복숭아 냄새, 그건 뭐였을까. 냄새가 사라진 자리에서 냄새 생각을 골똘히 하면 맡아지는 것 같았다. 생각은 사이로 흘렀다. 운동장 호루라기 소리, 달리면서 조장이 붙이는 구령 소리, 법과 사회 선생의 낮은 목소리, 그만하라는 종소리. 그날 그 애가 내 앞을 지나갈 때 맡았던 복숭아 냄새가 아니면 아무것도 맡고 싶지 않은데, 앞에 앉은 애가 움직이면 샴푸 냄새가 났다. 그러니까 그건 복숭아 냄새였는데.

휴대폰을 돌려받은 뒤 친구들과 급식실로 걸어가는 길에 전원 버튼을 꾸욱 눌렀다. 얼마 안 가 휴대폰이 양옆으로 떨리며 울었다. 모르는 번호로 문자 한 통이 와 있었다. "누구세요?" 5초간 멍해 있다가 설마 하는 생각이 들면서 오른쪽 뺨에 소름이 돋았다. 백 번 천 번 상상했더니 정말 그 애한테 문자가 온 건가. 내 이름을 밝히고 당신은 누구냐고 물으니 내가 몇 달째 눈꺼풀에 달고 다니던 그 이름이 화면에 떴다.

3

주변으로 애들이 지나가고 배경과 내가 분리되었다. 운동장과 조회대가 낯설었다. "야, 대놓고 휴대폰 보냐? 우리 줄 서고 있는다." 급식실에서 밥 냄새와 기름 냄새가 올라왔지만 허기는 낄 틈 없었다.

무슨 정신으로 밥 먹고 양치하고 앉았는지 모르겠다. 방송부에서는 클래지콰이의 〈쉬 이즈〉를 틀어줬는데 전주에서 돌아버릴 것 같았다. 이마를 책상 끄트머리에 대고 엉덩이를 뒤로 뺐다. 휴대폰 뺏기면 난 죽는다. 그러면 더 묻지도 못하고 이대로 안녕. 답장을 궁리하며 저녁 시간을 기다렸다.

이 문자가 대체 어떻게 내 휴대폰에 꽂혔을까? 학교가 다르니 뭔가 물어보려는 걸까, 번호를 착각했나, 아님 더 생각할 필요도 없는 장난 문자. 마지막 보충수업까지 끝나고 석식 시간

종이 쳤을 때 앞문 뒷문에 다닥다닥 붙은 애들이 입 모양과 손짓으로 친구들에게 신호를 보내느라 바쁜 와중에, 나는 서랍에 손을 넣어 달그락대며 휴대폰 전원을 켰다. "임지우"라는 말에 대답할 차례였다.

"제일학원 다니지? 번호 어떻게 알았어?" 미치도록 너와 문자를 이어가고 싶다는 마음이 조금도 느껴지지 않는 퉁명스러운 말투가 나왔다. 지우는 10분 만에 답했다. 나처럼 전전긍긍하지 않았다는 걸까, 이번엔 그게 불안했다. 지우는 내 번호로 문자가 먼저 왔다고 했다. "안대 하고 왔던 하얀 애?" 지우도 나를 보았다. 내게 남은 행운을 끌어다 지금 쓰고 싶었다.

지우는 이런저런 걸 물어보았고 나는 대답했다. 문자는 새벽 2시까지 이어졌다. 방문을 열어젖히며 아직도 핸드폰 해? 묻는 엄마 말소리에 이불을 뒤집어쓰고 불빛과 타자 소리를 가렸다. 잠도 밥도 필요 없었다. 얼른 일어나서 물어보고 대답하고 싶었다. 아침에 일어나는 게 싫지 않았.

"학원은 왜 안 와?"
"성적 떨어져서 과외 받았어, 다시 갈 거야."
"마주치면 부끄럽겠다."

친구들이 안 웃긴 농담을 해도 난 시작부터 웃고 있었다. 문학 수업이 잘 들렸다. 지우도 이걸 배운다고 생각하면 뱃속이 꾸물거리면서 설렜다. 그 애의 생각을 생각하는 게 좋았다.

지우가 다시 학원에 나오는 날, 우리는 엘리베이터 앞에서 만났다. 지우의 친구들은 소개 받는 자리에 낀 사람들처럼 야, 우리 간다, 하고 사라졌고 둘만 남은 우리는 쑥스럽게 웃었지만 서로를 보는 일을 멈추지 않았다. 지우는 츄파춥스를 먹고 있었고 주머니에서 딸기 맛을 꺼내 하나 주었다. 나는 그걸 급하게 벗겨서 입에 넣었다. 집중할 게 생기니 마음이 놓였다. 혀와 볼 사이로 퍼지는 딸기 맛을 느끼며 지우의 눈을 쳐다보았다. 어색했다. 지우는 재밌어 보였다. "더 줄까?" "사탕 많아?" "응, 너 주려고 샀어." 엘리베이터가 사람을 실어 나르는 동안 우리는 벽에 붙어 대화했다. "나 그날 안대 쓴 거 어떻게 알았어? 엄청 빨리 지나간 것 같았는데." 처음 만난 날에 대해 이야기하는 게 좋았다. "복도에 서 있었잖아. 강의실 들어올 때부터 너 봤는데." 나보다 먼저 나를 보았다는 사실이 믿기지 않았다.

지우와 마주치는 건 여전히 이벤트였다. 혼자서 학원 복도를 걸을 때 그 애를 맞닥뜨리면 피가 흐르는 걸 알겠다 싶을 정도로 몸 어딘가 찡하고 조급했다. 그러니까 나는 드라마나 연애소설을 찾아다니지 않아도 되었다. 학교 창가에만 서 있어도 별이 들이닥쳤다. 온몸으로 그걸 맞았다. 책상이 넘실거리고 복도가 넘실거리고 애들 소리가 넘실거렸다.

4

우리는 빠르게 가까워졌다. 학교에선 휴대폰을 달고 살았다. 학원 가는 날은 오전부터 신나서 길 가다 옷을 흘려도 몰랐다. 아침에 일어나면 "잠들었다! 미안" 하고 새로운 이야기를 시작했다. 학원 수업 전에 만나 커피나 핫초코 같은 걸 사 들고 강의실에 함께 올라갔고 옆자리에 앉기도 했다. 지우에게서 나는 향기를 맡고 지우가 수업 듣는 모습을 가까이서 볼 수 있었다. 혼자서 지우를 생각하던 날이 생각났다. 지금 여기에 같이 있을 수 있다면 모든 걸 포기할 수 있을 텐데, 아쉽던 날. 우리는 옆에 앉아 필담을 나누었다. 지우는 펜을 쓰다가 잉크가 뭉치면 티슈로 닦았다. 나는 지우에게서 발견한 좋은 것들을 하나씩 말했다. 내가 네게 매료된 건 설명이 필요 없지만 네가 나를 좋아하는 건 설득되지 않았다. "넌 새끼손가락도 귀엽고 머리도 부스스하잖아. 책 넘길 때 손 모양도 마음에 들어."

학원이 끝나면 밤거리를 걸었다. 지우는 친한 친구들 이야기를 해주었다. 친구 집에 모여 술을 마시기도 하고 아는 오빠의 스쿠터를 타보기도 하면서 논다고 했다. 지우가 중학생 때부터 좋아했다던 스쿠터 오빠 이야기를 들은 뒤 처음으로 심장이 발등까지 떨어지는 느낌을 알았다. "지금도 좋아해?" "아니."

지우의 이야기를 듣는 건 재밌었지만 아무리 들어도 평생 알 수 없는 그의 세계가 있다는 사실은 나를 동요하게 했다. "많이 좋아했어?" 내가 다른 곳을 보면서 물으면, "궁금해?" 하면서 지우가 웃었다. 우리는 그날 새끼손가락을 부딪치다가 손가락 두 개를 잡고 손가락 전부를 잡고 손을 잡았다. 피아노 선생님의 말이 이런 거구나, 계란을 쥐듯이 살살. 계속 이 상태라면 힘들겠다는 생각이 들면서도 집에 가고 싶지 않았다. 힘을 더 주지도 못하겠고 놓지도 못하겠고 닿은 채 영 딴소리를 늘어놓았다. 닿은 부분에 모든 신경이 쏠려 무거웠다. 우리는 손을 잡은 것에 대해서 이야기하지 않았다.

화이트데이 아닌 날에도 지우는 내게 사탕을 주었고 밸런타인데이 아닌 날에도 초콜릿을 주었다. 화이트데이에는 쪽지와 사탕을 가져왔다. "어떤 애가 이거 너 주래." 쪽지에는 남자애가 쓴 자기 전화번호와 "친해지고 싶어요"라고 적은 글이 보였다. 내가 엥? 하고 있자 지우가 말했다. "찢어버리려다 말았어." "찢어버리지 그랬어." 우리는 웃었다. 이건 먹을래, 하면서 지우가 사탕 껍질을 벗겼다. 지우가 막대 사탕 먹는 모습을 보고 있으면 내게도 맛이 났다.

우리는 학원 수업이 없는 날에도 만났다. 영화관에도 가고 집 근처에도 갔다. 이야기하면서 걷다보면 걔가 사는 아파트 단지가 나올 때도 있었다. 집 근처를 서성이다 다리가 아프면 배스킨라빈스에 가기도 하고 노래방에 가서 노래를 부르지 않고 앉아 있었다. 놀이터에 앉아 있기도 하고 건물 벽에 기대어 있기도 했다. 옷에 더러운 거 묻어- 하면서 지우가 나를 자기 쪽으로 끌어당기면 경비 아저씨가 쫓아왔다. 걷다보면 한 번도 가보지 않은 동네가 나왔다. 물 냄새 나는 천변을 걷고 육교 밑에서 낡은 모텔을 보았다. 불 켜진 곳이라면 어디든 들어가고 싶었다. 비상구에서 나는 빛으로 뿌연 계단에서는 조금만 소리를 내어도 웅웅거렸다. 거기서 몸을 간질이다 키득거리면서 철문을 올려다보았다. 셔틀버스가 출발하는 시간 직전까지 계단에서 안고 있었다. 책상에 앉아 몰래 하던 손장난은 몸장난으로 번졌다. 화장실 옆 칸에서 물 내리는 소리가 들리면 서로 입을 막았다. 택시 뒷좌석에 앉아도 아직 비상구 계단에 있는 것처럼 몽롱하고 멍했다. 밝은 곳에서는 다 들킬 것 같았다.

학교에선 내가 보고 있는 풍경을 지우에게 이야기했다. 교실에서 누가 웃긴 말을 하면 그것도 전했다. 같이 있고 싶다는 뜻이었다. 하루는 휴대폰을 붙잡고 있다가 영어 선생에게 걸렸다. "내놔." 이 대화가 내게 얼마나 간절한지 설명할 수 없으니 휴대폰을 손에 꼭 쥐고 있었다. 선생이 내 옆에 섰고 애들은 숨소리도 내지 않았다. "밑에서 만지작거리고 있던 거 내놔." 나는 가만히 있었다. 선생은 씩씩대다 손가락으로 머리를 밀기 시작했다. 몸이 흔들거렸다. "이래도 안 내놔?" "이래도?" 복도로 불려나갔고 휴대폰을 뺏겼다.

그 애는 가끔 우리 학교 석식 시간에 맞춰 찾아오곤 했다. 특별반 애들과 교실에서 자습하는 애들이 자기 자리를 찾아가 앉느라 소란하다가 이내 차분해질 무렵까지 우리는 학교 건물 밖 난간에 걸터앉아 이런저런 이야기를 했다. "연락 못해서 어떡하지?" "편지 써줘." 지우를 보내주기 전에 내가 훅 뽀뽀를 하면 놀라서 오줌 쌀 것 같다고 했다. 그 말이 이상해서 야자 시간 내내 그 생각을 했는데 그러면 야자도 빨리 끝났다. 샤프 사각거리는 소리와 문제집 넘기는 소리만 들리는 야자 시간에, 나는 현실 세계에서 일어나는 일들에 무한정 너그러워지면서 몸이 붕 떴다. 입술은 살짝 부어오르면서 뜨거워졌고 모든 게 선명하게 보였다. 천장에서 이곳을 내려다보는 것처럼.

우리는 처음 만난 날을 기점으로 백일도 챙기고 1주년과 2주년도 기념했다. 같은 반 친구의 남자친구가 학교로 과자박스를 보내주면 나는 그걸 잘 기억하고 있다가 지우 학교에 놀러 가는 날 지우가 좋아하는 핫초코와 친구들과 나눠 먹을 빵을 잔뜩 사서 건네주었다. 명절 연휴 막히는 도로 위에서도 지우 생각을 했다. 할머니 댁에서 이불을 펴고 추석 특선 영화를 틀어놓고 있다가 '전화할래?' 문자가 오면 달려 나갔다. 30분씩 통화하고 끊으면 발밑에 흙이 동그랗게 패여 있었다. 밤공기를 들이마시면 가슴께가 시큰했다. 할머니가 김치를 싸주거나 친척들이 음식과 과일을 나눠 갖는 사이에도 나는 그 애 생각을 했다.

  수학여행지가 정해지면 먼저 지우네 학교는 어디로 가는지 확인했고, 나는 속리산, 지우는 경주로 간다는 사실에 좌절했다. 술을 어떻게 숨겨서 가져갈까 의논할 때 잠깐 흥미가 생기긴 했지만 곧 슬퍼졌다. 밤이 되면 둥그렇게 둘러앉아 술병을 따는 친구들을 뒤로하고 몰래 테라스로 나와 지우에게 전화했다. 지우가 전화를 받지 않으면 쓸쓸했고 전화를 받아도 같이 있고 싶다는 말만 반복할 뿐이었다. "그래도 목소리 들으니까 좋다." 전화를 끊고 다시 친구들 사이로 섞여 들었다.

5

  학교 안에서 해가 가장 긴 시간은 오후 3시, 오래 묵은 천장과 바닥이 천천히 머금었다 뱉는 한가로운 열기 속에서 지우를 생각했다. 버스 안에서 몰래 잡고 있던 손은 사람들이 타고 내릴 때마다 살짝 놓게 됐다. 그럴 때 지우도 자연스럽게 손을 놓았지만 놓을 때마다 죄책감이 들었다. 내가 마음 아닌 것들을 신경 쓰는 동안 지우는 무슨 생각을 했을까. 이것을 묻고 싶을 때 저것을 묻게 되었다. "너는 이대 갈 거야?" "성적 안 될걸." "그래도 서울로는 가겠지?" "아마 그렇지 않을까? 같이 서울에 가자, 집도 같이 구해서 같이 살고." "그럴 수 있을까?" "왜? 싫어?" "아니 그냥, 상상이 잘 안 돼." "수학 점수 안 나와서?" 나도 내가 무슨 말을 하고 싶은지 몰랐다.

  어떤 날 지우는 집 앞에 찾아왔다. 차곡차곡 정리된 쇼핑백에서 문제집 한 권을 꺼내 펼쳐 보였다. "수학 어렵다며. 공식이랑 푸는 방법 정리해놓은 거야. 이거 보고도 모르겠으면 나한테 물어봐." 문제 하나하나 메모가 달려 있었다. 여기서 이렇게 풀고 이렇게 하면 이게 나오잖아, 잘 따라오고 있지? 작고 반듯한 글씨체가 첫 장부터 마지막 장까지 빼곡했다. 그렇게 적힌 문제집 몇 권이 가방 안에 들어 있었다.

지우는 왜 나를 집에 초대하지 않을까. 질문이 생겨나면 지우가 어울리는 동네 친구들 생각이 났다. 지우의 집도 알고 가끔 어머니를 만나기도 하며 어릴 때부터 친했던. 질투하는 게 우스울 것 같아 외면했지만 지우와 연락이 안 되는 시간이 생기면 나는 어김없이 지우의 친구들 미니홈피를 순회했다. 친구들 여럿이 모여 찍은 사진이 올라온 걸 보면서 거리감이 들었다.

우리는 서로의 미래에 대해서 이야기하는 걸 들어주었지만 그 속에 내가 있을 거라고 생각하지 않았다. 서로의 미래를 남 일처럼 이야기했다. 우리 엄마는 내가 나중에 이런 사위 데려오면 어떡하나 걱정했대, 어머니 마음에 들려면 진짜 좋은 사람이어야 될 것 같아. 그래도 니가 좋아하면 되지 않을까? 키스를 하고 나서 나누는 이야기치고는 좀 잔인한 구석이 있었다.

이름 붙이지 못한 관계는 어디까지 닿아도 되는지 모르는 관계가 되었다. 아무리 책을 읽고 영화를 보고 비슷한 말을 찾아다녀도 이 상태를 설명할 수 없었다. 모르겠다고 해서 관계를 얼려둘 순 없었다. 연락이 뜸해지면서 지우가 학교 앞으로 찾아오는 날도 있었다. 나가보지 못했다. 너 다른 학교 애랑 친했잖아, 걔 요새 왜 안 보여? 놀리는 친구들한테는, 몰라, 친했나? 하면서 넘겼다. 그렇게 말하고 나면 몸 안이 긁힌 듯 쓰렸다.

교실의 아이들에게 제각각 다른 시간표가 생기면서 나는 지우와 완전히 이별한 기분이 들었다. 학교가 끝난다고 삶이 끝나는 것은 아닐 텐데 소각장에 교과서와 문제집, 쓸 만한 독서대까지 버렸다. 친구들은 머리를 맞대고 아르바이트 공고를 뒤졌고, 끝나고 메이플스토리 하러 갈 사람을 모으기도 했다. 어느 날은 집에 가자마자 상자를 꺼내서 지우가 써준 편지를 하나씩 읽었다. 울어도 된다는 걸 아는 순간 눈물이 나왔다. 우는 소리에 엄마가 놀라 들어왔다. 무서운 꿈을 꿨다고 말했다. 지우가 가끔 연락했지만 먼 곳에서 온 연락 같아 며칠 동안 답을 하지 않았다. 며칠 동안 하지 않은 일은 며칠이 지나서도 하지 않았다.

여름에서 여름까지

—
6

 여름은 적당한 것을 넘기지 못하고 기어코 끓게 만든다. 나는 여름이 정말이지 너무 좋았다. 밤이 되면 집 안에 가만히 있을 수가 없어 슬리퍼를 끌고 이어폰을 끼고 동네를 산책했다. 풀 냄새와 땀 냄새, 걸으면 걸을수록 겨드랑이 사이에서 에너지가 솟구치는 기분.
 대학을 2년 넘게 다녔지만 대학가 술집보다 투다리 같은 곳이 편하다는 애들 네다섯 명이 모였다. 우리는 아무렇게나 걸으면서 웃긴 간판 읽기를 좋아했다. '생맥주의 첫사랑', 이게 내가 제일 좋아하는 가게였다. 센스 있는 사장님이 잔을 허옇게 얼려놓은 것마저 좋았다.
 우리는 종종 생맥주의 첫사랑에서 만났다. 사장님은 뻥튀기 수북이 담아 테이블에 밀어주었다. 맥주잔을 받자마자 반

넘게 마셔버리고 소매로 입을 닦는데 문이 열리더니 아는 애들 몇 명이 들어왔다. 옆 반 애들이 반창회를 하는데 갈 데가 없어 이리 왔다는 거였다. 야 니네 뭐야, 미치겠다 어떻게 여기서 만나, 나 너 처음에 몰라봤잖아, 박수 짝짝 치며 인사하는 사이 사장님은 테이블을 붙여놓았고 뻥튀기 한 접시 더 갖다 주었다. 다 알겠는데 한 명이 가물가물했다. 3학년 때 5반, 2학년 때 3반, 1학년 때 7반, 최윤이라고 했다. 이름을 듣고 가만히 보고 있으니까 학교에서 그 애를 봤던 기억이 딸려 나왔다.

교실 청소를 하기 위해 책상을 두세 개씩 교실 뒤편으로 밀고 있었다. 먼지를 쓰는 건지 더 만드는 건지 모르게 형편없이 빗자루질하는 애들 틈으로 뒷문에 매달린 애가 보였다. 소란스러운 5반 애들 사이에서 허리 펴고 공부하던 애였다. 자기랑 친한 애들은 다 몸 밀치며 놀고 있는데 저 혼자 공부하는 모습에 시선이 갔다. 그 애한테 맘이 쓰여 나는 밀리면서도 "공부하는 애 있잖아, 나가서 놀자" 했다.

학교에서 담임과 싸워 야자랑 보충수업을 뺐다는 애가 총 세 명 있는데 그중 두 명은 미대 입시 준비하는 애고 인문계에선 하나인데 그게 윤이었다. 자기보다 한참 큰 선생 얼굴 올려다보며 열받는다는 듯 말하는 걔가 재밌었다. 걔는 복도에서 선생님과 실랑이하는 모습을 누가 흥미롭게 쳐다보면 아주 짜증스러운 표정으로 쏘아보았다. 그러면 다들 고개를 돌리고 갈 길 갔다. 어떤 날은 걔가 우리 반 누구를 불러달라고 해서 내가 없는데? 하자, 그럼 이리 와봐 하더니 손에 초콜릿을 쥐어주고 갔다. 동글동글하게 생겼던 것 같은데, 오늘은 어딘가 달라 보였다.

나는 왼쪽 테이블 친구들과 계속 이야기를 이어갔고 최윤은 5반 애들과 함께 오른쪽 테이블에 앉았다. 힐끔힐끔 보게 되었는데 최윤이 말하면 멀리서도 웃게 됐다. 욕도 잘했다. 얜 어떤 인간이지, 가게 안에 활기가 돌았다. 우리는 아무도 안 볼 것 같은 TV 프로그램 이름을 알고 있었고, 동네 떡집이 어디로 이사 갔는지, 사장님이 어떻게 생겼는지 알고 있었다. 별것 아닌데 웃긴 이야기를 하면서 너 어떻게 알았어? 나 다 알지, 넌 어떻게 알았어? 하면서 웃었다.

술 먹다 한 명이 일어서면 담배를 배운 애들이 일어나 우르르 나갔다. 그 애는 따라 나가지 않다가 애들이 돌아오면 혼자 나갔다. 술기운이 혈관 따라 퍼졌고 기분에 기대어 나도 따라 나갔다. 에어컨을 틀어둔 실내에서 문을 열고 나가면 더운 공기가 훅 끼쳤다. 장난을 걸려고 "으, 담배 냄새" 하면서 코를 잡으니까 "너 뭐야?" 그랬다. '뭐야'는 정말 뭐야. 윤이는 자기 몸보다 크고 매우 얇은 니트를 입었는데 손가락으로 집어 올리면서 "이거 예쁘지, 시장에서 5천 원 주고 샀는데 맨날 입어" 그랬다. 이런 사람을 보고 괴짜라고 하는 건가 싶으면서도 잘 어울린다고 생각했다. 잘 지냈냐거나, 변한 게 없다거나, 나에 대해서 말해줬으면 싶었다. 그러나 거기서 끝이었고 그 애는 담배를 끄고 통조림통에 꽁초를 버렸다. 윤이가 먼저 들어가고 나는 그 애가 있던 자리에 쪼그려 앉았다. 다시 들어가면 저 애가 있는 쪽만 보게 될 거라고 예감했다.

우리가 야릇해지려는 걸 다른 애들이 좀 알아주면 좋을 텐데, 애들은 남자친구 이야기만 하도록 설정이 바뀐 로봇 같았다. 테이블 위에 술병이 늘어날수록 친구들의 웃음소리가 커졌다. 자리를 아무렇게나 바꿔 앉았고 내 옆에 윤이가 있었다. 윤이가 한쪽 팔을 내 의자 위에 올렸다. 확 가까워진 기분이 들어 숨쉬기가 조심스러웠다. 슬쩍 표정을 보니 윤이는 아무렇지 않게 이야기하고 있었다. 윤이 옆으로 가고 싶었다. 윤이 옆에서는 어떤 일이든 벌어질 것 같았고 혼자서는 갈 수 없는 곳으로 가게 될 것 같았다. 나는 바로 집에 가지 못하고 동네를 몇 바퀴 걸었다.

7

윤이는 주변에 사람이 많았고 엮이기도 잘 엮였다. 흥미를 끄는 사람이 있다고 말하면, 한 달 뒤에는 그 사람과 꼭 무슨 일이 일어나곤 했다. "나는 약간 또라이 같은 애가 좋아." "니가 또라이라 그런가보다." 윤이가 누구한테 관심 있다고 하면 나는 사사건건 태클을 걸었고 윤이는 중지를 보여주며 뭔 상관, 하고 말았다. 우리는 친구들의 연애 고민에도 열심이었다. 나 관심 있는 애 생겼는데 근데 걔 여자친구 있어. "그럴 땐 낮은 포복 자세로 대기하다가 타이밍을 봐서 덮치는 거"라고 조언했다. 속이 꼬이는 기분이 들었지만, 그러다가도 윤이가 "근데 나는 진짜 좋아하는 사람이랑은 연애하기 싫더라" 말하면 마음이 흐물흐물해졌다. 윤이가 어떤 애인지는 몰라도 내가 어떤 애인지 윤이는 알 것 같았다.

그때 윤이의 눈 모양은 처음 보는 것이었다. 작고 끝이 날카로운 보석을 눈썹 밑에 잘못 놓은 것처럼 신경질적으로 보였는데 그게 마음에 들었다. 그 눈으로 보고 다니는 것 나도 보고 싶었다. 윤이는 내가 본 적 없는 책을 읽고 내가 모르는 사람들을 보러 다녔다. 그 애가 이글루스에 언급한 책 제목을 적어두었고 그 애가 바보 같고 귀여워서 좋다고 써둔 외국 배우를 검색해서 그가 출연한 영화를 보았다. 뭐가 귀엽다는 거지, 알 수가 없네. 윤이는 카페에서 책 읽고 서울 가서 미술을 봤다. 내가 도서관에서 시간 보내며 뭘 읽을까 두리번거릴 때 윤이는 비평가가 쓴 책을 뽑았고 잡지 에디터를 구별했다. 다른 애들이 교원파닭이나 다송치킨에서 탄산음료 따를 때 윤이는 케이지 속에서 고통받는 닭들을 아냐며 치킨 끊자 했다. 나는 원래도 싫어했다며 고개를 끄덕였다.

다른 애들 학생 티 못 벗었을 때, 분위기는커녕 자아도 없던 11학번 신입생들이 지하상가에서 옥색 재킷이나 꽃무늬 원피스 살 때 윤이는 하얀 셔츠, 까만 목티, 옆 트인 치마를 입었다. 갈색 가죽 시계는 '싸다 고추장불고기집'이랑 안 어울렸다. "막걸리도 시킬까" 그러면 "미친 인간아" 이마를 짚으면서도 잔이 오면 같이 먹었다.

　　윤이와 둘이서 보는 일은 거의 없었지만 다 같이 있는 자리에서는 늘 가까이 있었다. 술집에 가면 윤이 옆에 앉았다. 같이 길을 걸을 때는 모자 뒤에 낙엽을 넣는다든가 머리를 잡아당긴다든가 하는 유치한 장난을 하면서 친구들을 사이에 두고 도망 다니기도 했다. 그러면서도 진지한 이야기를 할 때는 진지해서, 윤이가 끼어 있는 자리는 재미있었다. 언젠가부터 친구들이 보자고 하면 윤이도 나오나 궁금했다.

　　윤이가 요즘 관심을 두고 있는 애는 같은 과 한 살 연하 후배인데 다른 남자애들이 우르르 몰려다니며 당구장에서 짜장면 시켜 먹고 피시방에서 컵라면 먹고 하는 동안 그 앤 도서관에서 『이방인』을 빌려본다는 거였다. 그래서 좀 궁금해졌어. 너 이미 뭐 있지 걔랑? 친구가 물으면 윤이는 말 안 해줄 건데, 하다가도 의자에 몸을 푹 기대고 앉아 심드렁하게 이야기를 시작했다. 얼마 전에 과 애들 다 있는 술자리에서 걔 옆에 앉았는데, 걔가 좀 취했는지 몸을 못 가누는 거야, 내 무릎을 짚었어. 장난 아니지? 윤이가 내 무릎을 짚었다. 걔가 피우던 담배 내가 뺏어서 피웠어. 그리고? 그게 다인데? 속이 탔다.

　　『이방인』 그거 그냥 수험생 필독 도서 100선 이런 데 있어서 뭣도 모르고 빌려본 거 같은데. 그러면 윤이는 새끼손가락으로 귀 후비는 시늉을 하면서 그래도 보는 게 어디야, 그랬고, 내가 "잘 보면 뒤에 『수학귀신』 끼어 있을걸" 하면, "뭔 상관이야" 그러면서 이상한 표정을 지어 보였다. 나는 그 남자애가 문틈으로 들어오는 담배 연기처럼 싫었다.

　　언젠가부터는 윤이가 어디 들어앉은 것처럼 여겨졌다. 한 가지 생각을 오래 하면 그게 내 몸에서 빠져나가 그에게 전달될 것 같았다. 어떤 날은 친구들과 차를 한잔 마시고 일어나, 교차로에서 각자 다른 신호를 바라보고 서 있는데 윤이와 내가 바라보고 있던 신호가 켜졌다. 우리는 서로를 쳐다보고 동시에 인사했다. 신호가 바뀌지 않았으면 좋겠다고 생각하면서 기다렸는데 인사부터 튀어나왔다. 어디 앉아서 더 이야기하자고, 둘만 그러자고. 윤이가 그러면 나는 너무 좋을 텐데. 혹시 쪽지 같은 게 들어 있나 싶어 윤이에게 빌린 책을 휘리릭 넘겨봤지만 아무것도 안 떨어졌다.

8

술을 잔뜩 먹은 밤에 친구들과 나는 내키는 대로 소리를 질러대며 걸었다. 그러다 한 명이 아이스크림 먹자, 슈퍼 가자 하면서 슈퍼로 몰았고 나와 친구들은 아이스크림 주변을 어슬렁대다가 하나씩 집었다. 냉장고 안에 팔을 넣고 아무거나 하나 집으려고 팔을 내저었고 집어 올리다가 아이스크림 봉지가 찢어져 바닥에 떨어졌다. 나는 손에 아이스크림을 묻힌 채 서 있었고 친구들은 웃으면서 사장님이 서 있는 쪽과 나를 번갈아 보았다. 내가 바닥에 떨어진 아이스크림을 줍고 아 차가워… 그러니까 윤이 성큼성큼 다가와서 줘, 하고는 자기 손에 옮겨서 가게 밖으로 저벅저벅 나갔다. 근린공원 화장실에서 손을 닦았다. "남자는 이렇게 꼬시는 거야, 알겠어?" "뭐래." 윤이가 손에 묻은 물을 내게 튀기고 나가는데 받아칠 수 없었다.

윤이가 내게만 다르게 행동할 때, 의미심장한 말을 할 때, 평소와 다를 때, 나는 메모했다. 윤이와 나 사이의 일을 생각하다보면 기억이 뻥뻥 튀어 '내가 가만히 있으면 안 되는 거 아닌가' 하는 생각마저 들었다. 자신감이 뻗치면 친구를 붙잡고 물었다. 좀 다르게 대하는 거 같긴 하지? 그런 거 같긴 하네. 근데 그것만 갖곤 좀 아리까리한데? 윤이에게 묻지 않고 윤이의 마음을 알 수 있는 방법은 없어 보였다.

손에서 아이스크림 냄새 나, 윤이 내 코에 손바닥을 갖다 댔고 나는 윤이를 얄미워하던 마음이 누그러져서 진짜네, 하고 맞춰줬는데 윤이가 손바닥에 힘을 줘서 내 얼굴을 뒤로 밀었다. 대학교 시험 기간과 친구들의 연애로 이 동네 친구 모임은 잦아들었다. 윤이는 외출할 때 휴대폰을 두고 나가는 애였다. 우리는 몇 달간 연락하지 않고 지냈다. 매일 윤이의 블로그를 들어가보았는데 가끔 일기의 일부분을 찍어서 올리면 나머지 부분이 궁금해 견딜 수 없었다.

  난 니가 왜 이렇게 좋을까. 정체를 모르겠는데 속수무책 빠져든 건 네가 사념적인데 옷을 잘 입고 옷 잘 입는 사람답지 않게 잘 망가지고 망가지는 순간에도 어딘가 도도했기 때문이다. 아닌가. 절대 안 그럴 것 같았는데 처음 둘이서만 보던 날 지하도를 걷다 윤이가 팔짱을 껴서, 그래서 좋았나. 잘 모르겠는데 좋은 것, 이건 정말로 좋은 거였다.

  사진을 보고 싶어 페이스북을 켰다. 윤이가 나를 차단한 걸 알게 되었다. 문자를 보냈다. "뭐냐. 왜 끊어." 답이 왔다. "너 보는 거 싫어서." 우리의 어떤 점이 비슷한 게 맞다면, 이유를 알 것 같았다.

9

윤이를 다시 만난 건 장례식장 앞에서였다. 고등학교 동창의 어머니가 돌아가셨다는 문자를 받았다. 될 수 있으면 가야 한다고 생각했다. 그렇게 모인 동창들이 한 테이블에 모여 앉았다. 윤이에게 전화가 왔다. "너 갈 거야?" "방금 도착했어. 넌?" "지금 가는 중."

  우리는 친하지 않은 애들에게 둘러싸여 마주 앉았다. 같은 학교 애들이라면 웃을 만한 농담을 하고 술을 가져다 마시다가 혼란한 틈에 그 애가 작게 물었다. 언제 갈 거야? 나는 대답했다. 너 갈 때. 그리고 우리는 다른 때였다면 그쯤 돌렸을 눈을 조금 오래 맞추고 있었다. 묘한 표정이었다. 그래, 하는 대답과 내가 일어서자 무릎에 덮고 있던 옷을 천천히 집어 들고 자연스럽게 따라 나오는 걸로 행선지를 알 수 있었다. "더 마실래? 나 돈 많은데." "나도 많은데? 5천 원이나 있는데?" 농담하며 걸었다. 가는 길에 괜히 인형 뽑기 버튼을 한번 누르기도 하고 기지개를 켜기도 했다. 미닫이문이 있는 좁은 방에서 소주와 맥주를 주문했다. 사방이 막혀 있었으므로 서로의 얼굴 말고는 쳐다볼 것이 없었다. 마주 보고 술집에 앉는 것도, 친구들 없이 있는 것도 처음이었다. 우리는 다른 날보다 예의를 차렸다.

　　　　윤이가 종이컵에 티슈를 깔고 물을 부어 재떨이를 만들었다. 나는 윤이가 담배 피우는 걸 보는 게 좋았다. 두 손가락 안쪽 깊숙하게 꽂고서 거의 입을 막듯이 피우는 게 좋았다. 오래 물고 있어도 잇자국이 안 남는 것도 좋았고 얇은 손가락으로 라이터를 착, 착, 켜는 것도 좋았다. 연기를 뱉을 때 턱을 약간 들고 옆으로 뱉는 것도 좋았다.

　　　　앞에서 뭐라고 말을 하는데 나는 이 아이가 그림이나 영화처럼 느껴졌다. 아랫입술이 윗입술보다 도톰한 것과 눈꼬리가 살짝 올라가 있는 것, 다리를 꼬고 앉아서 약간 옆으로 기대어 있는 것, 귀가 작고 얇은데 끝에 매달린 귀걸이가 움직일 때마다 달랑거리는 것. 윤이를 들여다보고 싶었다. 윤이에게 무슨 생각 하냐고 자꾸만 물었다. 너 바보 같다는 생각, 술 맛있다는 생각, 윤이는 계속 대답해주었다. 나는 그게 좋아서 실실 웃었다. 어떻게 피우는 거니? 내가 물으니까 윤이가 줄까? 하고 한 대 꺼내주었다. 나는 그걸 입에 물었다. 침 묻히지 마. 윤이가 손짓하더니 살짝 일어나서 상체를 숙였다. 피우던 담배를 검지와 엄지손가락으로 잡고 내가 물고 있던 담배에 불을 옮겼다. 윤이의 얼굴이 훅 다가오고 연기가 콧속으로 들어오면서 나는 담배를 놓쳤고, 윤이는 내가 캑캑거리는 걸 보면서 웃었다.

　　　　나 취하는 거 같아, 윤이가 일어나면서 그랬다. 몸이 닿으면 어떤 표정을 지을지 궁금했다. 마음에 대해서는 단 한마디도 한 적 없는데 어쩐지 알 것 같을 때가 있다. 차가 몇 대 지나가지 않는 시간에 사람 키만 한 진녹색 나무들을 스치고 걸었다. 윤이가 막 앞으로 걸어 나가기에 팔을 잡아 부축했더니 어깨동무를 해 왔다. 몸이 닿은 것이 어색해 엉거주춤하는 사이, 윤이 겨드랑이에 낀 것 같은 자세가 되었다. 술 냄새와 향수 냄새가 섞여서 났고 걸으면서 몸을 부딪칠수록 더 분명하게 났다. 고개를 돌리면 얼굴이 닿을지도 모른다고 생각하니 몸이 굳었다. 비 오는 거 같아, 윤이 큰 소리로 말했다.

 부축도 팔짱도 아닌 어정쩡한 자세로 윤이 집까지 걸어왔다. 윤이 비밀번호를 누르고 손잡이를 돌리면서 말했다. 비 맞고 갈 거야? 얼마 안 오는데 그냥 갈게. 머리 빠지면 더 못생겨지는데. 그럼 안 가야겠다. 윤의 집은 고요했다. 차 지나가는 소리도 안 났고 발소리도 안 났다. 우리는 집에 둘만 남겨지자 현실적으로 변했다. 지금 어떻게 되어가는 건가 싶었다. 방바닥에 앉아 책장을 구경했다. 윤이가 침대에 누워서 옆자리를 툭툭 치면서 왜 거기 앉아, 올라와, 했다.

 나는 거의 침대 끝에 매달려 있었다. 술을 마실 땐 손이 닿고 싶기도 했는데, 또 저렇게 생긴 귀는 어디서부터 어떻게 입을 맞추면 될까 생각하기도 했는데, 막상 옆에 누워 있으니 상황 판단이 되지 않았다. 물 줄까? 물어도 천장만 보고 딱딱하게 대답하게 되었고 내일 몇 시에 일어나야 돼? 물어도 모르겠는데, 이야기를 끊게 됐다. 씻고 누우니까 완전히 깬 거 같아, 윤이 그렇게 말하면서 가만히 있었다. 눈을 감아야 할지 떠야 할지 그냥 자면 되는지 윤이는 자는지 아무것도 모르겠을 때 내가 정적을 깼다.

자?
잘 거야.
자지 말지.

한동안 말이 없다가 윤이가 움직였다. 윤이 얼굴이 내 어깨에 닿았다. 숨 쉴 때 숨결이 거의 목에 닿았다. 고개를 조금만 돌리면 윤이와 닿을지도 모르겠다. 얼마나일까, 이만큼일까, 목에 모든 신경이 쏠린 것 같았고 이대로 새벽이 올 것이었다. 자고 있는 거면 어떡하지, 자고 있는 건데 나 혼자 고민하는 거면? 점점 더 가까워지는 것 같다고 생각하다가 생각이 멈췄다. 내가 고개를 꺾었고 윤이 입술이 열렸다. 보기만 해도 좋은 것을 만지면 얼마나 더 좋을까, 나는 한 손으로 윤이의 얼굴을 감쌌다. 우리가 어떻게 만났는지, 이전까지 어떤 이야기를 나눴는지 지금은 아무것도 생각할 게 없었다. 호흡이 가빠졌고 방 안의 침묵이 깨졌다. 어두운 방 안에서 눈이 빛났고 나는 살짝 떨어져서 물었다. 몽롱함이 가시지 않아 용기를 낼 수 있었다.

"나 좋아?" 이건 어쩐지 장난하듯 묻고 싶은 말이었다. 윤이는 "모르겠어" 하면서 손바닥으로 내 볼을 비볐다. "좀 더 봐야겠어." 그래, 오늘은 이만 자자. 어떤 의혹도 들지 않는 기분이었다. 나는 꼭 윤이와 연인처럼 키스 이후를 자연스럽게 느끼며 잠에 빠져들었다. 나 너 안 좋아해, 라고 말한다고 해도 윤이가 나를 좋아하는 걸 느낄 수 있었을 것이다. 윤이는 잘 자라는 말을 따뜻하게 발음했고 나는 정말 잘 잤다.

다음 날 내가 일어나는 소리에 윤이도 눈을 떴다. 왜 이렇게 일찍 깼어, 윤이가 갈라지는 목소리로 말했고 나는 더 자라며 윤이의 이마를 손바닥으로 덮었다. 연락할게, 하고 집으로 갔다. 어제의 기억을 고스란히 안고 천천히 걸어보고 싶었다. 어제 내린 비 때문에 거리가 씻은 듯 깨끗하게 느껴졌고 나에게 있었던 일이 현실인지 더 꽉 끌어안기 위해 어제 왔던 길을 꾹꾹 밟아가며 걸었다. 방에 도착했을 때 나는 집에 처음 들어온 사람처럼 멍했다.

윤이는 내게 곧장 연락했다. 가는 길 알아? 길치잖아. 윤이가 다시 자기 전에 내게 연락을 해 왔다는 것과 전처럼 장난을 치는 것, 특별한 일이 없다면 오늘 오후쯤 우리가 만날 거라는 게 좋았다. 동네에서 만나 밥을 먹고 술을 마셨다. 친구들과 갔던 곳에 똑같이 가도 어떻게 움직여야 하는지 갑자기 낯설었다. 내가 전보다 많이 웃는 것 같다면서, 너 쑥스러워해 설마? 윤이가 놀렸고 나는 윤이가 손을 잡으면 잡는 대로, 안으면 안는 대로 부끄러워서 가만히 있었다. 당분간은 얼어 있을 것 같으니까 알아서 해달라고 말하는 걸 잊지 않았다.

밤에 산책하다 버스 정류장에 섰다. 윤이가 말했다. 어디서 봤는데 사람 많은 데서 키스해달라고 했을 때 안 해주면 상대가 나를 사랑하는 게 아니래. 키스해줘. 나는 우선 키스했고 사람들 지나가는 발소리가 들렸다. 겨우 이 정도로 사람 마음을 알 수 있대? 근데 여기는 겨우가 아니긴 해, 우리 집 바로 앞이잖아. 윤이와 나는 키득거리면서 웃었다. 한번은 윤이가 나를 데려다주기도 하고 내가 윤이를 데려다주기도 했다. 내가 윤이를 데려다주는 날엔 윤이는 창문을 열고 서서 내가 안 보일 때까지 나를 내려다보고 손을 흔들었다.

내가 이렇게 하면 윤이가 어떤 표정을 지을까. 나는 윤이의 머리끝부터 발끝까지 모두 사랑해주고 싶었다. 아프지 않고 좋기만 한 걸 주고 싶었다. 나는 윤이의 얼굴을 올려다보면서 손가락에 키스를 하는 걸 좋아했다. 윤이가 간지러워하면서 무릎을 굽히면 안쪽을 손바닥으로 쓸면서 무릎 위에 입술을 맞추는 것도 좋았다. 윤이가 어떤 표정을 짓는지 무엇을 느끼는지 모두 알고 싶었다.

손끝 하나 닿지 않은 상태로 마주 보고 앉아서 윤이의 아랫입술이나 속눈썹, 턱을 쳐다볼 때 했던 생각을 몸을 붙이고 있을 때 계속 떠올릴 수 있었다. 나는 윤이의 속눈썹에 입술을 갖다 대고 손가락 끝으로 턱선을 천천히 쓸어보기도 했다. 윤이가 내 옷을 벗기기도 하고 내가 윤이의 옷을 벗기기도 했다. 어떤 날에는 아무것도 벗지 않고 누워서 입을 맞추다가 윤이의 손을 끌어당겨서 윤이가 만져주었으면 하는 데로 가져갔다.

10

도서관과 사회대 중간에 있는 언덕은 봄이면 삼삼오오 모여 막걸리를 먹는다고 해서 막걸리동산이란 이름이 붙었다. 나와 윤이는 공강 시간이 겹치면 신문을 깔고 막걸리동산에 앉았다. 둘이서 술을 마시기도 했는데 한번 시작하면 자리를 옮겨 해가 질 때까지 마셨다. 그렇게 대학가를 돌아다니다가 아는 사람을 만나면 엄청난 목소리로 "너 방금 쟤한테 왜 그렇게 반갑게 인사하냐, 좋아하냐!" 하면서 질투와 주정을 했다. 길만 걸어도 재밌어서 영원히도 걷겠네 싶었다. 오락실 가자, 오래방 가서 노래 불러줘, 그랬다.

> 너 그때 나 아이스크림 떨어뜨렸을 때 좋아해서 도와줬지.
> 아니, 바보 같고 안쓰러워서.
> 그럼 언제부터 좋아했냐.
> 내가 애들이랑 있다가 햇살 좋아서 옥상에 드러눕고 싶다고
> 말했던 날 기억나? 그때 니가 나도, 그랬잖아. 왜냐고 안
> 물어보고.
> 『이방인』보는 애 좋아했잖아.
> 너도 봤잖아.

함께 등교하는 일은 우리를 하나로 묶어주었다. 내가 일찍 일어나 윤이 집으로 가면 윤이가 잠옷 차림으로 문을 열어주었다. 소파에서 뒹굴다 양치를 하고 옷을 다시 입고 지갑과 가방을 챙겨 나왔다. 내 몸에서 윤이 냄새가 나고 윤이가 걸어가는 모습을 보면서, 방금까지 같이 있었던 애가 쟤라니! 그런 생각을 하면 짜릿했다.

우리는 A4 용지에 서로의 시간표를 합쳤다. 초록색은 나, 파란색은 너, 나는 목요일에 대중문화론 수업 논문 읽어야 하고 금요일에는 병원에 가. 너는 수요일에 서양미술사 중간고

사를 보고 월말에는 답사를 가. 모든 게 맞아떨어지는 하루는 좀처럼 오지 않았다. 꽃이 만개할 땐 할 일이 있었고 그걸 끝내면 비가 내렸다.

　　우리는 서로를 이름으로 불렀다. 약속을 하지 않아도 만났다. 겨울이면 윤이는 "오늘 추우니까 양말 두 겹 신고 바지도 두 겹 입어" 문자를 보냈다. 나는 그걸 보면서 "왜 이렇게 마음이 뭉게뭉게하지?" 하고 느끼는 걸 말했다. 그러면 윤이는 한참 있다가 답을 보내왔다. "너 나 좋아하나봐!"

　　윤이의 집에서 아침을 보내고 책과 지갑을 챙겨 나오는 길엔 기분이 완벽했다. 버스 정류장까지 함께 걷고 내려서 또 학교까지 걷고 점심시간에 만나서 학교 안을 걸었다. 수업 시간에 윤이가 문자를 보내왔다. "교수가 엄청 지루한 수업을 해. 난 너한테 할 말이 자꾸만 생겨서 어쩔 수 없이 편지를 썼어. 이따 끝나고 멜로우멜로디 갈까? 가서 웨지감자도 시키고 술도 마실까?" 나는 윤이를 만나고 돌아오면 그날 윤이가 했던 말이랑 우리가 나눈 대화를 적어두었다.

　　나는 윤이가 정말이지 너무 좋았다. 윤이가 학과 사람들과 2박 3일 답사를 가면 무슨 일이 벌어질 것 같았다. 경주나 미륵사지는 이름부터 낭만적이고 불가피했다. 윤이가 벙거지모자 쓰고 낭만의 땅으로 떠난 동안 나도 누군가를 불러 시간을 때워보자 했는데 윤이가 없다는 사실만 분명해졌다. 앞에 앉은 사람에게 다정하게 굴다가도 윤이한테 연락이 오지 않으면 가자, 가야겠다 하고 말았다. 두려웠다. 내가 윤이에게 충분하지 않을까봐. 두려워하는 것을 들킬까봐. 너를 좋아하는 게 내겐 두렵다고 말하면 윤이도 답을 줄 텐데 그걸 못했다. 윤이에게 편지를 써달라고 자주 말했던 건 실감할 수 없어서였다. 윤이가 나를 왜 좋아할까. 내 어디가 좋을까. 나는 자신이 없었다. 윤이가 내 몸을 만지려고 하면 쑥스러워 싫다고 했다. 내 몸이 윤이에게 어떤 느낌을 줄지 상상되지 않았다. 윤이는 우리 사이에 유대감이 없는 것 같다고 했다. 수치스럽다고도 했다. "넌 왜 니

얘기를 안 해? 왜 널 안 보여줘?" 보여주면 도망갈 것 같아서.
 우리는 자주 싸웠다. 싸움은 서로의 입장을 확인하는 데로 가지 못하고 감정을 부딪쳐 에너지를 소진하는 것으로 끝났다. 솔직해지는 법도 믿는 법도 모르면서 헤어지긴 싫어서 싸운 뒤 차가워진 윤이를 돌봤다. 맞은편에 앉아 있는 윤이의 뒤에 가서 뒷목과 어깨를 주물렀다. 바닥을 쳤을 때야 지금 하고 싶은 말을 했다. "난 너랑 있으면 완전해지는 기분이 든다. 다른 사람 만나면 어떨까 궁금하지도 않고, 여기 아닌 다른 곳에 있으면 어떨까 상상하지도 않아." "오늘 들은 말 중에 제일 와닿네." 둘 다 눈이 부은 채로 휴전했다.
 윤이가 수업 시간에 쓴 편지는 믿을 만한 것이었는데.

> 너를 생각하면 마음이 아파. 글자 그대로 마음이 물리적으로 아파. 너를 만나기 전에 좋아했던 사람들도 있었지만… 네가 잘못을 해도 나는 너를 미워할 수 없을 것 같아. 그러니까 잘못하지 말아줘. 방금 책 읽다가 이런 말을 봤어. "우리 서로에게 미래가 되자." 우리 같이 귀여운 할머니가 되자. 나랑 먹기로 한 거, 하기로 한 거 다 할 때까지 못 헤어져. 하루에 다섯 개씩 만들 거야. 무섭지? 그럼 안녕, 곧 만나!

 그래. 밤에는 목련을 보고 버스를 몇 대 보내고 동네 걸으면서 아이스커피 마시자. 너희 어머니를 뵙는 게 좋아. 이건 속으로만 생각했다.

―
11

 윤이와 헤어졌다. 같이 듣던 교양 수업이 끝난 뒤 강의실에서였다. 계속 울면 지루해할까 걱정됐지만 어떤 말을 해도 잡히지 않을 것 같았다. 두 번째 이별이었다. 헤어지고 다시 만나던 날 "왜 다시 만나고 싶어?" 묻던 내 말에 윤이는 "아직 바닥을 친 거 같진 않아서" 그랬다. 난 내가 달라지지 않았을까봐 무서웠지만 그래도 좋았다. 그러니까 두 번째 이별은 진짜였다. 나는 달라지지 않았고 우리는 바닥을 쳤다. 윤이는 중간중간 한숨을 쉬다가 "덜 울었어?" 하고는 먼저 일어났다. 나는 윤이와의 헤어짐을 슬퍼할 수 있는 자리가 아니면 어디로도 가지 못했다.

둘이서는 만난 적 없는 윤이의 친구를 불러내 완급 조절에 신경 쓰며 고민 상담을 했다. 윤이를 아는 이들이 내게 해준 말 속에서 윤이를 돌릴 수 있는 방법을 추출하고 싶었다. 사람들과 헤어지고 집에 오면 참은 질문들을 빈 종이에 적어 내려갔다. 윤이는 우리가 바닥을 쳤다고 생각했을까. 다른 사람이 좋아졌을까. 두 번 일어난 일은 세 번도 일어난다는데 윤이가 올까. 윤이가 바란 건 뭘까. 우린 좋아하면서 왜 자꾸 싸울까. 윤이가 한 번만 져주면 안 될까. 난 왜 이렇게 윤이가 좋을까. 윤이는 아닐까. 나는 계속 썼다. 같은 말을 비슷하게 하면서 노트를 꽉 채웠다. 쓰면 끝난다는데, 이건 해소되었기 때문이 아니라 지금으로선 알 수 있는 것이 없다는 걸 알기 때문이다. 학교 캠퍼스에서 윤이를 마주치면 하늘이 빙글빙글 돌았다. 윤이가 있으면 이 세상이 아닌 것 같은데 내가 탈 버스가 왔다. 혼란스러웠다. 윤이는 등장만으로 모든 걸 우습게 만들었다.

2년 뒤, 윤이에게 연락이 왔다. 취직했다며 술을 많이 사주었고 나는 계속 마셨다. 너와 나에 대한 이야기 빼고 다 했다. 너랑 내가 아는 친구들 얘기, 가족 얘기, 최근에 만난 사람 얘기. 술이 잘 넘어갔다. 담배를 피울 수 있어 알음알음 찾아오는 어두운 바에서는 가만히 있어도 몸이 흔들리는데, 나는 상체를 기울여 윤이에게 불을 붙여주었다. 그에게 배운 것이었다.

근처에서 자고 가자. 모델 입구에서 싸울 뻔했다. "너 이런 데 자주 오니. 불법촬영 조심하렴. 성병 있나 없나 잘 알아보고." "알 바야?" 침대가 두 개 있는 방이었지만 한 침대에 누웠다. 섹스할 생각이 없는 걸 알면서도 결말을 앞당기고 싶어 몸을 갖다 댔다. 윤이는 키스를 하다가 못하겠다고 말했고 나는 천장을 보았다. 한계가 지어지니 용기가 생겼다. 몸을 윤이 쪽으로 돌려 천천히 얼굴을 만져보았다. 우리가 애인 사이일 때보다 더 뚫어져라 눈을 보았다. 윤이가 내 볼을 꼬집으며 흔들었다. "이러니까 사이좋은 애들 같다."

　　　　윤이가 잠든 뒤에도 나는 잠을 자지 못했다. 화장실 들락날락. 내가 자꾸 움직여서 깨지. 붙어 자는 행복을 만끽하고 싶었는데 망할 놈의 배가 아팠다. 윤이가 잠결에 나긋나긋 말했다. "잠 안 와서 힘들지." 눈 감고 하는 그 말에 니가 날 사랑하는 줄 알았네.

　　　　가장 좋아했던 사람이 누구냐 물으면 윤이를 떠올렸지만, 나를 집요하게 만들고 골몰하게 만들고 당최 니 맘을 모르겠어 괴로운 게 사랑인지 알 수 없었다. 윤이가 생각나면 윤이에게 문자를 보냈고 답장이 오면 그걸로 됐다는 느낌이 들었다. 윤이가 술을 사주던 날 밤 윤이는 이런 말을 했다. "너 만나고 주노라는 애를 만났는데 걘 진짜 내 말을 잘 들었어. 너랑 진짜 다르고, 내가 지랄한 거 빼면 싸운 적도 없어. 의견도 없고 생각도 없었어. 내가 바랐던 안정이 그런 거였어. 나를 그렇게 사랑해주는 사람은 없을 것 같았어." 다른 사람 이야기를 할 때에야 윤이가 생각하는 사랑을 알았다. "사랑했다고 말할 수 있는 사람은 걔랑 너밖에 없어. 내 첫사랑이 너야." 그 말을 들은 뒤엔 뭐든 할 수 있는 기분이 되었다.

지금부터 끝날 때까지

12

사랑이 화두인 채 계속 살았다. 신한은행 서포터 하던 애들은 국민은행에 입사했고 피디를 준비하던 애들은 기자가 됐으며 기자를 준비하던 애들은 지방지에 기사를 실었다. 나는 여성운동을 했다. 하는 일로 보나 연애로 보나 친구들 사이에서 나는 신기한 존재였다. 환절기마다 만나는 친구들은 "그래서 요샌 어떤 여잘 만나냐"며 내가 놀라게 해주길 바라고 있었다.

아는 단어를 총동원해 내가 빠져 있는 사람에게 못 미치는 설명을 붙이면 애들은 테이블을 치면서 "미쳤다, 드라마 아니야?" 난리가 났다. 친구들은 다른 것보다도 흥미를 끄는 사람이 늘 주변에 있다는 사실에 놀랐다. 내가 좋아하는 사람이 지닌 지성, 개성, 우아함, 그리고 둘이서만 공유하는 긴장에 환장했다. "너네도 만나는 사람 있지 않니." 의아한 한편 확신이 들었다. 이 중에 나만 끌리는 사람을 만나고 이 중에 나만 섹스를 해. 웃기고 똑똑한 친구들에겐 못 참고 말했다. 헤어져. 여자 만나.

천우희 같은 스타일이면 만날 수 있을 거 같아. 그런 소리 하는 애가 내일 만날 남자친구는 티베트나 히말라야에 산다고 전해지는 환상동물인 예티를 닮았다. 천우희든 누구든, 네가 아깝지 않을 사람을 만나. 대번에 질문이 돌아왔다. 어디서 만나? 장소를 묻는 건지 시작하는 법을 묻는 건지 모르겠어서, 학교에서 너 좋아한다는 후배, 에이 그건 그냥 선배로서 좋아하는 거지. 여자 남자 만날 때도 그러잖아. "그거랑 다르지." 나는 이야기를 시작했다.

최근에 눈에 들어온 사람은 페미니즘 모임에서 알게 됐다. 그런 사람이 있다는 걸 알기는 했지만, 그 정도였다. 기억해 보자면 눈이 동그랗고 눈빛이 강한 거. 사람들은 준영 씨가 재밌고 귀엽다고 했지만 난 감흥 없었다. 자기소개 시간에 그 사람 순서가 기대되긴 했다.

무덥던 날, 자동문이 열리면서 그 사람이 헐레벌떡 들어오는데 어쩐지 아는 체 하고 싶었다. "오셨어요?" 했는데 숨 몰아쉬느라 정신없는 것 같았다. 등짝만 한 배낭을 어깨에 매달고 빈자리를 향해 가는데 목표만 중요해 보였다. 그가 가방을 바닥에 척 내려놓고서 한숨 놓으며 앉는데 나도 같이 한숨 놓게 됐다. 위생 따위 신경 쓰지 않는 호쾌함에 호기심이 동했다. 인사를 해도 못 들을 만하구나.

사람들이 웃을 때 그를 보았는데 내가 웃는 데서 웃었다. 수업 중엔 휴대폰을 꺼내놓지 않는 거 같았는데 그게 좋아 보였다. 오늘은 어쩐 일로 펜을 빌려달라기에 필통을 열어 꺼내 가라 했더니 샤프를 가져갔다. 다음 날 샤프를 쓰려다가 샤프심이 없던 걸 알았다. 말 못 할 사람이 아닌데 귀엽다 싶으면서도 이 사람 뭐지 생각하게 됐다.

연락하고 싶었지만 싱겁게 뭐 하냐고 묻긴 싫어 할 말다운 할 말이 생기길 기다렸다. 그가 좋아한다고 했던 시집이 내게도 있었는데, 그걸 새삼 꺼내 읽다 잠들었다.

그날 아침 코피가 났다. 한 번 주룩 흐를 때 콧물인 줄 알았는데 주룩주룩주룩 흘러 벌떡 일어나 휴지로 틀어막았다. 고개를 젖히지도 못하고 숙이지도 못하고 휴지만 꽉 잡고 있는데 간밤에 야한 꿈 상대로 그 사람이 나왔던 것 같기도 하고.

난 걔 입술이 어떻게 생겼는지도 모른다. 걔가 야한 말을 한 것도 아니고 닿은 거라곤 다 같이 웃다가 눈을 마주친 것밖에 없는데 왜 너야? 피 묻은 휴지 뭉치를 돌려 잡으면서 필사적으로 꿈의 첫머리를 더듬었다.

꿈은 개연성 따위 따지지 않는 깡패이고 우리는 밤에 같이 차를 타는 상황이었다. 그가 조수석에 올라타는 걸 보면서 내가 뽀뽀할 작정으로 몸을 숙였다. 얼굴을 돌려 받아주는 것 정도를 바란 것이었는데 그가 운전석으로 자릴 옮겼고 나는 조수석에 앉자마자…

친해진 기분이 들었다. 아, 원래 이 정도 아니었다고. 생각나지 말라고. 진짜 있었던 일도 아닌데 만나면 어떻게 하지 걱정하지 말라고. 그러면서도 얼른 다시 누우면 이어서 꾸나 기대됐다.

어느 날은 모임 끝에 뒤풀이했다. 두부김치, 묵무침, 파전을 테이블마다 시켜놓고 얼굴만 익숙한 사람들에게 막걸리를 돌리고 있었다. 들어가는 순서에 따라 자리가 정해지는 걸 알면서도 마음먹는 게 미안해 아예 늦게 들어갔다. 빈자리에 끼어 술을 마셨다. 준영 씨가 이 자리를 지루하게 느껴 1차 끝나고 가는 거 아닌가 걱정됐지만 수건돌리기를 하지 않는 이상 지금으로선 가까이 갈 명분이 없었다. 그가 화장실에 가는 것 같았고 나도 일어났다. 손 씻는 소리가 날 때쯤 들어갔는데, 거울을 통해 나를 본 그가 말을 걸었다.

"지난 모임에 못 와서 아쉬웠어요." 나한테 할 말이 그것밖에 없나. "제가 이야기해드릴게요. 직접 듣는 게 좋았겠지만." 여기까지 왔으니 한 번 더 두드려본다는 심정. "언니가 얘기해주는 것도 좋아요!" 그렇다면 한 번 더 확인. "도…?" 준영 씨가 웃었다. "도??" 준영 씨가 손사래를 쳤다. "도??!" 준영 가 내 팔을 잡고 흔들었다. 같이 가겠구나.

  2차 어디로 갈까요, 시끌시끌 사람들과 섞여 이야기하는데 나는 준영 씨랑 한잔 더 하고 싶다고 말했다. 준영 씨는 술 많이 마시고 싶었는데 좋다고 하면서 신나 했다. 근처에 좋은 술집을 떠올렸다. 율라탱고 미러볼 밑에서 샹그리아 마시면 좋을까, 향냄새 맡으러 맞배집 갈까. 가장 좋은 건 둘 다 가는 거였다.

  다 같이 있다가 둘만 마주 앉으니까 어색했다. 어색함이 좋았다. 준영 씨는 자기 짝이 나타나면 한눈에 알아볼 수 있을 것 같다고 했다. 그는 같이 문학 얘기할 사람을 기다려왔다고 했다. "언니는 좋아하는 시인 있어요?" 한 번 받은 질문에 두고두고 답하기도 했다. 시집 좀 많이 사둘걸. 그가 내 방에서 놀다 가면 책장 앞에서 쪼그리고 앉아 몇 번 다시 대답했다.

  언제부터 내가 좋았냐, 뭐가 좋았냐 묻는 말에 대답하기는 어려웠다. 맞배집에서요. 율라탱고에서요. 아닌가 뒤풀이 때부터, 아니 처음 웃는 거 봤을 때, 아닌가 그 전부터. 뭐예요, 기억 조작하지 말고. 그러거나 말거나 파헤치는 문답은 재밌었고 무엇보다 진짜였다.

  그는 나를 나보다 더 좋아해주었다. 부스스한 머리카락도 지점토 같은 팔다리도 엉덩이도. 내게 있는지도 몰랐던 것을 찾아내 구석구석 아껴주었다. 살면서 본 어떤 것보다 마음에 든다고 했다. 그는 매일 아침 우리 집으로 와서 책을 빌려주었고 토스트를 만들어주었고 남는 시간 동안 함께 낮잠을 잤다. 나는 그 앞에서 반바지만 입고 눕기도 했고 팬티만 입고서 책을 읽기도 했다. 다 벗은 채 안고 있는 건 네가 처음이라고 말하자, 맨살 닿는 게 좋지 않냐고 그랬다. 난 그걸 지금 알았어.

13

내 몸이 이렇다는 걸 몰랐다. 입을 헤 벌리고 천장을 보고 있으니까 애인이 웃었다. 그럼 여태 깔짝대기만 했어요? 아니 그냥 니가 너무 잘하는 거야. 항변하고 싶었지만 하체가 사라진 것 같은 느낌에 집중하기로 했다. 클리토리스 자위 거울 모드로 상대의 몸을 문질러댔을 뿐 가끔 모든 과정을 생략하고 딱 오르가즘만 느끼는 꿈을 꾸고 사경을 헤맸다. 오르가즘의 극치는 꿈에서 귀신과 해야 느낄 수 있는 것인 줄 알았는데.

또 귀 빨개졌다. 그가 팔을 길게 뻗어 검지로 귀 끝을 톡, 쳤다. 이렇다니까. 우리는 함께일 때 주로 농담을 주고받으며 웃지만 이렇게 침대 위에서 살짝살짝 눈을 마주칠 때, 말과 말 사이에 텀이 길어질 때, 방에는 우리 둘뿐이고 방 밖에는 다른 친구들이 동물권 다큐멘터리를 보고 있다는 걸 알 때, 그래서 위급 시에는 내 것이든 네 것이든 손바닥으로 힘껏 입을 막아야 할지도 모른다는 걸 알 때 발이 뜨거워졌다.

애인은 문자를 주고받을 때도 의미심장한 말을 잘했다. 거기 넣어주면 돼요?라거나, 자기가 해줄래? 같은 말. 그가 말솜씨를 타고난 건지, 내가 이미 그의 눈꼬리를 사랑하게 돼버려 그런 건지, 본격적으로 야한 문자를 시작했을 때 우리는 각자의 집에서 죽어갔다. 자기가 그렇게 해줬을 때 너무 좋아서 발끝에 힘주느라 발바닥이 저렸어요. 다리 못 벌리겠어. 그냥 어디 꽉 붙여놔야 할 것 같아요. 그러면 한 사람은 더 부추긴다. 지금 그렇게 해주고 싶어요. 나는 자기 뒤로 눕히고 뒷목부터 꼬리뼈까지 키스하면서 내려오고 싶어.

문자만 봐도 움찔거려요. 혼자서도 잘하는 이 사람은, 같이 있을 때도 혼자 하는 걸 보여준다. 누워서 키스하다가 몸을 쓸어대는 손길이 조급하게 빨라지면 내 어깨를 꾹 눌러 잡고 얼굴을 뗀다. 그리고 말한다. 나 젖은 거 같은데 확인해볼래? 내 손을 가져가게 가만히 둔다. 그러면 그가 나를 쳐다보면서 자기

끝나지 않는 춤을 추고

손으로 내 손을 가져다가 팬티를 옆으로 살짝 벌리고 손가락을 넣는다. 내 손을 끌어당기는 건 자기면서 포기한 것처럼 신음을 뱉는다. 뜨겁고 말랑한 곳에는 너무 빨리 닿지 않도록 조심한다. 미끄럽고 축축한 곳에서 금방이라도 손가락을 빨아들일 것 같다. 그는 내 손목을 잡고 내가 피하려 했던 위로 천천히 올라간다. 물기 있는 손가락이 작고 뜨거운 곳에 닿았을 때 그는 아까보다 큰 소리를 내버렸다. 솔직히 많이 해봤죠?

소리 내면 안 돼요. 우리는 문밖의 친구들이 야식 먹자는 말을 하기 위해 노크하는 일이 벌어지지 않길 바라는 마음으로 조용히 허겁지겁 키스했다. 애인이 자기를 어떻게 해줄 거냐고 물으면 나는 잠시 생각하다가 그가 제일 좋아하는 걸 이야기한다. 손가락 사이에 끼우고 동그랗게 문질러줄게. 그리고 자기가 침대 모서리를 꽉 잡는 거 같으면 좀 더 빨리 만지다가 직전에 떼고 밑으로 좀 더 내려가는 거야, 그리고 네 번째 손가락을 갑자기 넣을 거야. 손가락을 안으로 굽혀서 꾹꾹 누르듯이 넣어줄게. 그리고 하나 더 넣어서. 내가 여태 들어본 모든 야한 말이 입에서 쏟아지고 안이 몇 번 떨린 뒤에는 둘 다 가만히 있어야 했고 끝난 뒤엔 침대 시트부터 벗겨야 했다.

그와 처음 잔 날은 종일 섹스하는 느낌이 났다. 퇴근 후 점잖게 통화하고 자려는데 어제 좋았냐부터 시작된 대화는 다시 하반신을 불러냈다. 얘기하니까 느낌이 나는 것 같아요. 전화기 너머 들려오는 말은 표정이 보이지 않으니 더 야릇했다. 한 박자 늦게 이해하곤 입을 틀어막았다. 말만 하는데 이렇게 야하다고 진짜? 나는 배터리 충전기 근처로 슬금슬금 이동해 바싹 엎드렸다. 손도 안 댔는데 미끌거려요. 한나 씨 방이 어떤지 알아서 상상돼요. 아무도 안 건드린 옆구리나 뒤통수가 저렸다. 그러고 나면 여섯 시였다.

그러고 나면 반말이 나온다. "난 니가 다른 사람이랑 키스한 거 생각하면 너무 슬퍼. 고3 때 교실 바닥에서 담요 깔고 하긴 했지만." 슬프고 흥분되어 귀가 닿도록 꽉 끌어안는다.

―
14

어떤 사람은 어째서 기억되고 어떤 사람은 어째서 기억되지 않을까. 항상 그런 것에 관심 있었다. 리비도가 뭘까 어려운 책을 집기도 했고 여자끼리 충돌하는 영화를 찾으면 열광했다. 현실에선 여러 사람 중 가장 다른 이를 좋아했다. 이 사람과 저 사람의 차이를 안다면 내가 뭘 원하는지도 알게 될 것 같았다. 내 시선을 뺏는 사람이 생기면 그의 시선도 갖고 싶었다. 얼쩡거리든 말을 걸든 나를 보게 했고 뒤로는 상황을 따랐다. 내가 여기 있다고 알리기만 해도 일단 좋았다.

　나랑 같이 서울에 갈래? 묻던 애와 헤어졌고 다른 나라로 유학 갈래? 했던 애랑도 헤어졌다. 허리 끊어지게 울고 나서도 좋아할 사람은 계속 생겼다. "언니 그건 지난 학기잖아요." 이건 <벌새>의 유리 대사이면서 내게도 요긴한 말이었다. 애인과 나누는 대화는 조금씩 달라졌다. 무서운 꿈을 꾸었다고 말하고 당신은 어떤 꿈을 꾸었냐고 묻는다. 무슨 말을 해도 안아줄 준비가 되어 있는 사람을 안게 되었다.

　우리가 서로를 보면, 보기만 하면 애인이 되거나 무언가가 됐다. 누굴 열심히 좋아하는 동안 나도 무언가가 됐다. 사랑을 예감하면 말이 쏟아졌다. 우리가 만나지 않으면 세상은 어떻게 되는 거지. 어디선가 사랑은 "불초상• 봤어요?" 물으며 시작되고, 그건 영화보다 가까이 있을 것이다.

• 　<타오르는 여인의 초상>(셀린 시아마 감독)

▨ 삽화3·김나현, 34.8x27.3cm_acrylic on canvas board_2020

[긴 행렬을 부르는 그림]

이민경

기억에 남아 있는 가장 오랜 순간부터 나는 늘 여자들과 같이 살고 싶어 했다. 정확히는 여자들 사이를 눈으로 주파해 만든 순간 속에 영원히 남고 싶었다. 가나출판사에서 나온 『만화 그리스 로마 신화』가 유행이었으니 초등학교 3학년쯤이었다. 나는 반에서 여자아이만 10명 남짓 교실 뒤편으로 불러 모았다. 아이들은 저학년이 짓기 마련인 맹한 얼굴로 순순히 말을 들었다. 너네 다 그리스 로마 신화 봤지. 거기서 여신 이름 하나씩 가져. 일단 나는 아르테미스 할게. 이 종이에다가 선서를 해. 그리고 내일까지 500원씩 가지고 나와서 시영아파트 앞에서 파티하는 거야. 아이들에게 서명을 종용한 선서에는 남자를 사귀지 않는다, 서로 싸우지 않는다는 구절이 적혀 있었다고 기억한다. 창피해서 바꾸어 서술하고자 했지만 정확히 고백하자면 남자에 울지 않는다, 였다.

    그들과 다음 날 실현하고 싶은 그림은 만질 수 있을 만큼 선명했다. 아파트 앞 초록색 잔디밭, 초록색 잔디 위로 쨍하고 노랗게 부서지는 햇볕, 등을 보이고 둘러앉은 여자아이들, 1.5리터 밀키스와 칠성사이다. 문제는 파편이 선명한 데 비례하여 그 외부를 구성하는 능력이 전무했다는 점이다. 예를 들어 시영아파트에 살아보지도 않았으면서 어째서 그리로 모이라고 했을까? 그러고 보면 상상력은 한 장면을 그리는 과정에서 고르게 퍼져 있지 않은 듯싶다. 파티는 한 아이가 학교 앞을 우연히 지나던 내 엄마를 붙들고 내가 자기한테 내일까지 500원을 가져오라고 했다는 말만을 이르면서 무산되었다. 길을 가다 말고 웬 아이에게서 내 이름을 들은 데다가 그 내용이 심상찮기까지 해서 놀랐을 엄마는, 내가 떠올린 그림이 어떤 모습인지 내게서 직접 들어보지 않은 채 그 무렵부터 애를 잡아야겠다고 마음먹었다. 내가 우연 탓에 발각되는 장면을 상상할 때 떠올리는 길목 맞은편에 있는 피자파라에서 생일 파티를 해주었던 엄마로서는 절대 이해하지 못할 꿍꿍이였으리라. "애를 잡는다." 떠오른 과거를 철저히 아이 입장에서 서술하기를 잠시 멈춘다. 모호한 관용어구 뒤로 숨은 섬뜩함은 차치하고 '잡는다'라는 표현이 갖는 다의성에 흥미를 느끼는 까닭이다. '잡는다'라는 단어는 넓게는 손으로 쥐는 행위를 의미하나 '애를'이라는 목적어와 붙으면 폭력을 가한다는 의미로 변화한다. 동물과 붙으면 죽인다는 의미로까지 쓰인다. 아이 관점에서 이야기를 시작한 만큼, 폭력을 가한다는 의미가 곧장 거머쥔다는 의미와 등치된다기보다는 애초에 거머쥘 수 없는 아이에 한해서만 폭력이 행사되지 않던가 곱씹어본다. 나는 한 번도 잡히지 않는 애였다. 잡히지 않기란 잡는 행위가 아무리 반복된들 마찬가지였다. 그러니 잡는다는 서술어가 그 서술어의 주체로부터 완성될 수 있는 형태이기는 한가. 나는 엄마가 내가 그리고 싶은 그림을 직접 듣는 대신 임의로 해석했다는 사실에 억울했지만, 내게서 직접 들었던 아이들 역시 교실 뒤편으로 부르는 내 말에 순순히 따라 나온 맹한 얼굴이 말해주듯 내가 그들과 무엇을 하고 싶다는 건지 하나도 몰랐다.
    내가 무엇을 하고자 하는지 모르기는 그들과 동급생인 나도 마찬가지였다. 선서 내용을 그대로 고백한 만큼 학년도 다시 따져본다. 2학년일 수도 있을까? 배경이 3학년 가을에 전학하기 이전까지 다녔던 서울시 마포구 성산동 성원초등학교임을 따져보면 둘 중 하나로 명확하지 않다. 그래도 나는 계속 그림을 그렸다. 아니, 그려지는 그림을 따라 한 뼘씩 달아났다. 시간이 흘러 그림은 변화했고 면적은 조금 더 넓어졌으나 그 파편성과 선명성만은 여전했다. 이번에는 종이로 지은 집 안에 네 명이 함께 살다다. 집을 이룬 종이 질감은 당시 새로 생겼던 까르푸에서 장본 거리를 담는 상자와 같이 누런색에 구멍이 뚫려 있다. 이때 네 명이란 수문소민 뽀레버, 이름을 한 글자씩 따서 만든 글귀가 적힌 스티커 사진으로 남아 있는 초등학교 고학년 때 친구들이다. 문제는 종이 질감은 돋보기로 들여다본 양 자세히 그렸으면서 굴뚝이 달린 골판지 집을 차도 위에 덜렁 놓았다는 점이다. 어디인지는 찾을 수 없지만 어딘가가 이상하다는 위화감이 횡격막 부근에 가하는 압력과, 골판지에 물이 묻으면 젖던데 비가 오는 날에는 어떻게 해야 하나 하는 난감함에 마음이 무거웠다. 상상력만큼이나 고민에 몰리는 주의 역시 불균형하게 배분되는 듯하다. 어찌 되었든 요점은 그들과 같이 살고 싶다는 데 있었다. 그러던 가운데 무리에서 유독 친해진 한 명은 내 옆 반이었고, 집은 멀지 않았지만 옆집까진 아니어서 가파른 언덕배기를 하나 넘어가야 했다.
    이전까지는 안면이 없던 그와 친해진 건 수련회에서 춤을 추는 모습을 보고 점호가 끝난 뒤에 그가 있던 방을 찾아가면서부터였다. 이후로 점점 친해지다가 등굣길에는 집 앞에서, 하굣길에는 반 앞에서 매일같이 그를 기다리기에 이르렀다. 같은 초등학교를 나와서 같은 중학교에 입학하던 무렵, 나는 고등학교를 먼 곳으로 진학해 방을 하나 얻어 둘이 함께 살고 싶었다. 쿠키 앤 크림에서 쿠키가 많이 들어가 회색에 가까워진 쪽을 단면으로 자른 듯한 무늬를 한 빌라 계단에 멀거니 서서 다리를 타고 올라오는 냉기를 느끼며, 나는 같은 내용을 그에게 문자로 보내기까지 했다. 솜이불이 겨우 놓인 작은 방 한구석으로 빨려 들어가 부풀던 마음은 또렷이 기억나지만 답장을 받았던 기억은 없다. 얼마 지나지 않아 나는 친구들과 함께 이용하던 다음 카페에 올라온 공지글로 공개 절교를 당했다. 빨간 궁서체 제목에 내 이름을 담은 게시글에서 그는 '이럴 거면 나랑 쌩까자'라는 내용을 남겼다. 한국 사회 온라인 문법으로 빨간 궁서체란 저주를 의미한다. 공개 절교에 저주가 담긴 이유는 내가 먼저 중학교에서 새로 만난 친구들에게 정신을 팔았기 때문이었다. 나는 글씨체를 보고 가슴이 내려앉았지만 이미 다른 친구 무리에 정신을 판 뒤였기 때문에 별 타격을 받지는 않았다. 신경이란 대상에 빠져들 양 몰두할수록 가차없이 거두어진다.

중학교에 진학해 그 친구 무리로부터 따돌림을 당하고 나서 나는 무리에 너무 마음을 많이 두지 않아야 무리에서 살아남을 수 있다는 줄타기를 배웠다. 다음 해에는 여자아이들과 남자아이들이 섞인 학생회 무리에 들어가 매점 옆에 마련한 학생회실에서 살다시피 하기도 했다. 아무도 시키지 않았지만 나는 졸업 이후로도 몇 년간 때가 되면 모임을 주최하는 역할을 자처해 수노래방과 민들레영토에서 만나 놀고 헤어졌다. 고화질을 특징으로 내세운 디지털 카메라 모양 휴대폰을 구입했던 무렵이었으므로 그들과 만나 놀았던 기억부터는 전부 사진으로도 남아 있다. 게다가 이들과 만든 기억에는 언제 누가 물어보든 얼마든지 기승전결을 맞추어 서술 가능하고 누구에게라도 이해될 수 있는 정합성이 갖춰져 있다. 네 귀퉁이를 고르게 맞춘 그들과의 기억은, 서툰 손길로 인화액을 잘못 묻혀 일부만 인화된 것마냥 무참히 일그러진 그러나 영원히 뇌리에 남겨진, 언제든 어떻게든 복원할 수 있는 그림이 보이는 선명성에는 비길 수 없다. 앞선 시절 그려지던 그림과, 대학에 들어간 이후 남자친구를 6년 만나던 내내 그린 그림이 이루는 대비처럼. 여기까지

긴 행렬을 부르는 그림

한 이야기 중에 내게 가장 이상한 사실이란 내가 속했던 유일한 혼성 집단인 이들이 비슷한 시기 다른 여자들과 결성한 어떤 모임과 달리 지금까지 이어지는 유일한 모임이라는 점이다. 물론 나는 그 집단에서 나왔다. 여자친구들과는 연락을 이어간다.

그러고 보면 내 삶에서 좋은 순간이란 여자들과 함께일 때에만 만들어졌다. 몸으로부터 한 치 벗어나며 날아가듯 눈앞에 그려지던 그림만큼이나 눈으로 빨아들여 흡수한 경험도 전부 그랬다.

열 살이었던가? 내게는 대충 어린 날을 일곱 살 혹은 열 살이라고 말하는 버릇이 있는 듯하다. 엄마는 여름방학을 맞은 나를 또 한 번 큰숙모 집으로 보냈다. 군의관이던 큰삼촌이 발령 난 강릉에서 꼭 저같이 작고 야무진 이빨로 머리카락을 씹으며 나를 깨우던, 금빛보다 잿빛이 더 많이 도는 주먹만 한 요크셔테리어와 지냈던 일곱 살 시절 이후로 처음이었다. 해변을 배경으로 카메라를 든 숙모 앞에서, 그 무렵 신혼여행을 다녀온 이모가 사다 준 '아이 러브 괌'이란 글자 위에 청록색과 파란색 돌고래가 그려진 티셔츠를 입은 채 브이를 그린 사진을 남긴 날에는, 사진으로 남지 않은 기억이 하나 더 있다. 양미리만 한 멸치가 떼 지어 수면 위로부터 모래사장으로 튀어 오르던 광경이다. 바닷물 밖으로 튀어나온 멸치 떼를 보았더라는 이야기는 훗날 스스로 말하고도 어린 시절에 하기 십상인 거짓말인가 싶어, 혹은 기억에 일어나게 마련인 변형과 왜곡인가 싶어 눈에서 입을 거쳐 내보낼수록 흥 대신 의심이 실렸다. 이제 더 이상 입 밖으로 이야기가 되어 나오지 않는 순간이 눈앞에 떠오르노라면, 혹시라도 사진이 남아 있었다면 기억에 실린 의심을 일거에 거둬가줄 수 있으리라는 바람도 품었다. 저 지금 하늘을 처음 날아봐요. 강릉으로 향하는 국내선 비행기에서 감출 길도 이유도 없이 흥분하던 장면을 삼촌 덕에 복원했듯, 나와 함께 멸치 떼를 보았던 숙모에게 묻는다면 이 기억이 결코 거짓도 허풍도 아니라는 확인을 받을 수도 있으리라. 그러나 순간은 매끈하게

긴 행렬을 부르는 그림

반짝거리는 은빛과 푸른빛에 사로잡혀 시간을 들인 만큼으로 시각에 보존돼 있고, 기억에 대해 스스로 품은 의심을 걷을 길은 바깥에 없다. 시간차를 두고 남아 있는 또 다른 순간이 뇌리에 남은 선명함으로 보아하니 그 은빛과 푸른빛만큼이나 숙모와 함께 주워 담아 들고 온 멸치가 신문지 위에서 제각기 말라가며 비틀어져 만드는 주름도 오래 바라본 모양이다. 그렇다면 목격된 순간은 어떻게 몸에 남을까.

경기도 분당으로 이사한 숙모 집은 강릉에서보다 크고 세련된 아파트였다. 중국의 가모장제 사회인 모쒀족 이야기를 다룬 나의 첫 번역서에는 개를 주제로 한 부족 설화가 나온다. 설화에서 인간은 갖가지 동물에게 목숨을 나눠 주는 날 제 실수로 늦잠을 자 하마터면 단명할 뻔한 멍청한 짓을 하고도 착한 개에게서 목숨을 받아 지금같이 긴 삶을 산다. 개는 제 목숨을 떼어주는 대가로 인간과 폭력 없이 친밀하게 관계 맺기를 요구한다. 그 대목을 번역하는 내내 내 시선은 왜인지 나무 문틀 사이로 햇볕이 쏟아져 들어오는 강릉 집을 바쁘게 돌아다니던 똘똘이, 그 집 욕조 위에 놓인 개샴푸에 라벨로 붙은, 빨간 리본으로 앙증맞게 머리털을 묶은 요크셔테리어 사진에 고정된 채였다. 분당에서 다시 만난 똘똘이는 보통의 요크셔테리어보다 덩치가 컸다. 설화를 번역하다 두 문장 만에 그 개가 나와 처음으로 관계 맺은 개였음을 깨닫게 되었다. 나는 그 개를 몹시 사랑했다.

분당에서 숙모는 방학을 맞은 나를 동네 수영장으로 데려가 주었다. 그로부터 10년 가까이 흘러서 제대로 알게 된 사실이지만 내 몸은 땀이 거의 나지 않는 점을 포함해 수영에 적합하지 않다. 체온을 조절할 수 없는 몸은 찬물에 들어가면 그대로 차게 식고 더운 나라에 가면 열을 그대로 흡수해 쓰러진다. 실내 수영장 물은 기억하기로 아주 차가웠다. 강릉 슈퍼에서 삼촌이 무엇을 먹고 싶냐고 묻자 한참을 머뭇거리다 새알 먹고 싶어요, 하고는 그 새알이 팥죽에 든 떡이 아니라 당시 팔던 새알 모양 초콜릿이라고 바로잡지 못하던 어린애는 평택에서도 약간 차가운데 재미있어요, 하고 히죽 웃으며 냉기를 참다가 펄펄 끓는 열감기를 얻었다.

뽈뽈이는 침대에 쓰러진 나를 바라보았다. 그를 마주 바라볼 수 없을 만큼 혼미한 정신이었던 나는 은은하게 풍기는 개냄새에 이미 메슥거리던 속을 한 번 더 부여잡았다. 보통 아이보다 키가 큰 데다 축 늘어지기까지 한 나를 업은 숙모는, 힘드시냐는 물음에 힘들다고 솔직히 대답하고 흰 철사 울타리가 늘어선 보도블록 길을 묵묵히 걸어 병원으로 갔다. 이날 숙모 등에 업혀서 걸어간 길은 이후 종종 꿈이 펼쳐지는 지도로 등장했다.

여자들과 있을 때 그려지는 그림은 불균형한 선명성, 그리고 현실과 조합될 때 한층 유발되는 긴장감이라는 문제가 있다. 반면 남자친구와 있을 때 앞날에 대한 그림이란 충동이 다른 곳으로 날아가기를 억제한 상태에서, 밝은 데를 바라보는 고양이 동공처럼 의식을 째지게 만든 상태로 촘촘히 그린 결과였고 현실에 이와 닮은 상이 무수히 많으므로 어디에 얹어두어도 순조로이 조화를 이룬다는 장점이 있었다. 하나 문제가 있다면 그림이 그려지도록 내버려두는 관람객일 때보다 그림을 직접 그리는 주체일 때 그 완성물을 더 납득할 수 없었다는 점이다. 달리 말하면 한 그림은 내버려두어도 그려지고 다른 그림은 그리려 기를 쓰지 않으면 절대로 시작되지 않았다. 나는 남자친구와 함께하는 동안, 나중에 서술하면 이상함을 느낄지언정 바로 그 순간 혼자서만큼은 어떤 의심도 없이 납득했던 그림이 내가 선 곳과는 먼 데로 달아나 저절로 그려지지 않도록 스스로를 잡고 있어야만 했다.

그러나 스스로를 잡을지언정 그림이 그려지기를 막을 수는 없었다. 잡으려는 주체가 잡았다는 단어를 완성할 수는 없다고 느끼듯이. 대학에 들어가자마자 남자친구를 사귄 이후로 마음속에서 그려지던 그림이란, 주황빛 가로등불이 사위어 푸른 어스름만 남아 있는 놀이터에 우두커니 서 있는 내 등짝이었다. 나는 마음으로는 대학에 들어가 새롭게 만난 친구들이, 미래 남편이 되리라 상상하며 관계 맺기 시작한 각자의 남자친구와 마련한 노란 불을 켜둔 집 속에 신발을 벗고 들어가 같이 살고 싶었다. 그러나 내가 할 수 있는 일이라고는 그들을 문간까지 배웅해 작별 인사를 하고 다음 날 아침이 되면 다시 나오기를, 어스름이 완전히 질 때까지 멀거니 기다리는 것뿐이었다. 머릿속에는 남자친구와 만든 집이 있었는데도 어째서인지 그랬다. 놀이터에서 기다리거나 내 집 문을 활짝 열어놓고 누군가 들어와주기를 기다리는 일을 반복했고 기다리는 상대는 한결같이 여자친구(들)이었다. 쏜살같이 날아가 시간에 따라 현실성과 구체성을 조금씩 갖추며 발전하는 듯했던 그림은 이 두 장면을 반복해 보여주는 길목에서 시간과는 무관하게 고여 있었다.

  너 자취방 구하면 나 거기 맨날 가서 누워 있을래. 시험 너무 걱정하지 말고 감기 얼른 나아. 같은 대학원을 준비하던 입시 학원에서 친해진 지 얼마 되지 않은 친구가 메시지를 보내온 이래, 누구와 살지를 주제로 집요하게 그림을 내보내던 경로는 둘로 나뉜 이래 처음으로 정면충돌했고 그림 같은 상상은 사진 같은 경험과 합류했다. 이 친구와 처음 만난 이후, 남자친구와 마련한 상상 속 집에 (1)친구를 들이고 (2)남자친구에게서 만남을 방해받지 않는다는 두 목적을 달성하기 위해서는 어떤 수를 써야 하는지 아귀가 맞지 않는 퍼즐을 끼우려 골몰했던 나는, 메시지를 받은 그길로 남자친구와 헤어졌다. 발전하기를 멈춘 그림은 언제나 만져보고 싶다고 느꼈던 자스민이 탄 양탄자처럼 부드럽게 시동이 걸렸고, 그리려 애쓰던 그림은 그 앞에서 당연히 무력했다.

  서울시 동대문구 이문동 346-86. 보증금 500만 원에 월세 35만 원짜리 방에서 얼마나 많은 순간이 만들어졌는지는 그 충돌이 내게 어떤 떨림과 충격을 안겼던가와 마찬가지로 이 한정된 지면에서 다룰 수 없다. 다만 독립된 공간에서 여자들과 보낸 2년간 내면에서는 어떤 충돌도 일어나지 않았으며 합류는

긴 행렬을 부르는 그림

다시 분기하지 않았고 내 오랜 직감은 맞았다. 그림 속에서 움직이는 팔다리는 한 번도 물을 떠나지 않은 듯 유유히 유영했고 심상을 의식과 합치하여 떠오르는 대로 그리는 기술은 나날이 늘어갔다.

　　취소는 가능하신데 쉽게 열리지 않는 동굴이 오늘 열렸으니 오실 수 있으시면 꼭 오세요. 자취방을 구한 해에 상상과 경험이 합류한 또 다른 결과로서 꾸렸던 출판사, 봄알람 팀원 셋이서 2020년 시무를 기념할 겸 다섯 번째로 함께 떠난 여행지는 오키나와였다. 스노클링 체험은 전날 밤 취기에 한 예약과 다음 날 아침 취소 문의에 여행사가 보낸 답장이 더해져 얼렁뚱땅 결정됐다. 다행스럽게 바다는 1월임에도 차지 않았다. 이때 안도한 까닭은 춥기 싫어서도 있었지만 어색하기 싫어서였다. 한 번에 입수한 한 팀 모두를 물에 뜨게 해줄 커다란 널빤지 같은 부표 하나를 나눠 잡고 바닷속 광경을 보기 위해 다 같이 엎드리는 수순에서, 가이드는 이 부표 속으로 몸이 말려 들어가시는 분이 꼭 한 분씩 계시는데 그러면 부표가 무거워지니 절대 그래서는 안 된다는 당부를 했다. 꼭 한 분, 이라는 말과 절대 그래서는 안 된다는 지시를 듣자마자 내가 바로 그 한 명이 되고 말리라는 불길한 생각에 사로잡힌 몸은 여지없이 부표 속으로 말려 들어갔다. 무리에서 유일하게 수영에 실패한 꼭 한 사람이 되어 멀쩡하게 섞일 수 없는 시점에 결국 물을 박차고 나가버린 과거. 스키캠프에 간다고 엄마가 새로 사준 장갑을 스키장에서 홀랑 잃어버려 사람들이 모인 자리에서 남자 캠프 강사가 나를 지목해 낙오자라 언급하던 날부터 한동안 하얀 장갑을 다시 찾는 꿈을 꾸고 안도하고 깨어 슬퍼했던 초등학교 고학년 무렵까지로 과거가 불어나는 동안, 부표 아랫면에 달라붙은 다리는 좀체 내려오지 않았다. 바다를 보고 엎드리는 대신 하늘을 보고 누워 오늘만은 그러지 말자고 달랜 끝에 다리는 천천히 물살을 갈라 방향을 바꾸어준다.

　　오키나와는 화산섬이고 봄알람이 그간 함께한 여행은

대체로 화산섬을 거쳤다. 스노클링용 물안경을 끼고 바다를 둘러싼 화산암을 바라보며 또 다른 여행지였던 제주도와 시칠리아 에리체를 떠올리다 나는 어째서 바다에 가면 산을 생각하고 산에 가면 바다를 생각하는 인간일까 싶었다. 스노클링은 신기한 바닷속 풍경을 감각할 기회를 얻고자 돈을 주고 입기 어려운 고무옷을 입었다 벗어가며 하는 체험이다. 비슷한 어색함과 어색하다는 데 따르는 초조함이 불러낸 의미 없는 생각에 잠겨 걸었던 에리체를 오키나와에서 마찬가지 방식으로 생각하다 물속에 고개를 넣었다.

참외를 닮은 물고기와 무지갯빛이 나는 홀로그램 물고기를 바라보고자 눈으로 신경을 집중해보았다. 지금이 아니라면 볼 수 없는 해양생물과 그들이 어우러진 바닷속 풍경이 아름답고 신기하게 느껴질 순간을 기다린다. 산을 너무 많이 본 바람에 코스는 어느새 끝나가고 처음 부표가 떠 있던 지점에 도착하기 직전 바다뱀을 한 마리 보았다. 바다뱀은 놀랄 만큼 기억 속 익숙한 그 모습 그대로라, 보지 못한 채 지나치지 않고 저기 길다란 게 혹시 장어 아닌가 묻지 않고 바로 그 이름을 제대로 부를 수 있었다.

태어나 처음 본 바다뱀을 먼저 만난 건 어류도감에서였다. 나는 침대에서 아동용 어류도감을 끼고 도감에 나오는 모든 물고기 이름을 외우고도 또 끼고 있는 애였다. 희지만 다소 나른한 빛이 들어오는 침대 위에서 도감을 효율 없이 뚫어져라 바라보는 내내 방해받지 않은 기억으로 보건대 유치원에 들어가기 전으로 추정한다. 왜였을까? 수영에 어울리지 않는 몸을 가질 줄도 모르고 물이 좋았을까. 유선형 모양이 예쁘게 보였을까. 후자로 결론을 내리기엔 나는 물고기를 예쁘다고 느끼거나 호감을 갖기에 앞서 사실 다소 두려워한다.

물고기를 두려워하게 되었기에, 어류도감을 놓지 않던 유년기를 의아하게 여기고 지나가려는데 눈앞에 떠오른 순간에 담긴 시점과 해석하는 시점의 간극에 숨어 있던 기억이 쏟아져 어린 시절 '왜인지' 어류도감을 붙들었다고 눙치고 지나가는 서술을 막아선다.

두려움은 네모난 플라스틱 통 위에 파란색 기와 모양 뚜껑을 얹은 보잘것없는 어항에서 제브라 다니오 한 마리가 3년을 살다 간 이후로 들인 물고기들이 종류를 불문하고 줄줄이 죽어나가던 데서 왔다. 정확히는 조마조마한 마음과 예측이 엇나가길 바라는 마음으로 어항을 들여다볼 때마다 느낀 여지없는 낭패감과, 한 번도 같지 않게 각양각색으로 만들어진 광경이 안긴 충격에서, 게다가 그 죽음과 목격 모두가 마치 내가 저지른 잘못이기라도 한 양 급하게 숨기고 조용히 처리해야 한다는 터부에서 시작되었다. 플라스틱 통 대신 산소 탱크와 조약돌과 인공 수초로 장식한 더 크고 그럴듯한 어항을 들였어도 달라진 건 없었고 오히려 목격해야 하는 장면을 더 기괴하게 만들고 찾아야 하는 장면을 더 찾기 어렵게 할 뿐이었다. 물고기가 죽었다는 사실은 엄마에게 실토해야만 하는 사항이었으나 곧바로 실토되지는 못했다. 입을 떼기에 적합한 순간을 찾기까지 마음에는 줄곧 납덩이가 얹혀 있었고 실토하는 횟수가 반복될수록 무게는 오히려 무거워졌다. 죽음 자체에 두려움을 느끼지는 않았다. 초등학교 교무실 복도에 설치된 어항 앞에 쪼그려 앉아 물고기 일군이 만드는 세계를 홀로 종일토록 바라본 또 다른 기억도 있기 때문이다. 수많은 물고기 가운데 죽은 물고기를 또 다른 물고기가 먹어치워 뼈가 드러나는 광경을 약간 소름 끼쳐 하면서도 담담하게 지켜보았다.

그러고 보니 3년을 살았던 핑클이도 나와 처음 관계 맺은 물고기였다. 좋아하던 가수 이름을 따왔다고 추측되는 물고기는 원래 혼자가 아니었다. 작은삼촌이 선물한 코르크 마개가 달린 작은 유리병에는 은색 몸통에 파란 줄무늬가 두 줄 그어진 열대어가 두 마리 들어 있었다. 처음으로 동물을 선물 받아 뛸 듯이 흥분해 코르크 마개를 연 어항을 거실 책장에 올려두고 잠든 다음 날, 한 마리는 사라졌다. 유리병은 성인 손바닥만 한 크기였기 때문에 낭패감과 초조함을 담고 자취를 살필 구석도 없었다. 아직 이름도 지어주지 못한 물고기가 사라졌다는 사실에 기절할 듯이 놀라 엄마에게 물고기를 보았느냐 물었다. 모른다는 대답에 혹시라도 그가 바깥으로 튀어나갔을까 싶어 말라비틀어진 흔적을 찾으려 거실을 샅샅이 뒤졌다.

  물고기가 없어진 사건을 오래도록 이해할 수 없어 하다가, 어항 바깥으로 튀어나가는 물고기가 있다는 사실을 어디선가 듣게 되었다. 그러는 동안 나는 엄마가 죽은 물고기를 보고 상심하고 충격받을 어린애를 보호하기 위해서 홀로 잔해를 처리하고 거짓말을 해주었다는 합리적인 결론에 도달할 만큼 자랐다. 그렇게 그 사건을 이해하고 매듭지으려는 물음을 엄마는 도와주지 않았다. 결코 그러지 않았다고 답했기 때문이다. 어린애를 상대로 불가피했던 거짓말에 공모하는 미소를 지으며 재차 회유하듯 물어도 마찬가지였다. 그 뒤로 나는 합리적이고도 매끄러운 서사를 주조하여 불가해한 경험을 이해하는 대신, 삶에서는 그렇게 이해될 수도 그럴 이유도 없는 불가해가 존재함을 받아들이는 결론에 도달하는 식으로 성장하고자 했다. 그렇지 않으면 이해는 더 이상 그 납득 불가능함을 바라보지 않고자 적당한 서사를 가져다 공백을 메우려는 욕망과 바깥에서 이상하다고 여기는 지점에 가져다 대는 편리한 사포질에 지나지 않는다. 게다가 연속된 자아가 시간에 따른 간극을 넘어 건져 올린 기억을 대뜸 변형하고 왜곡하는 쪽은 으레 혐의를 쓰기 십상인 아이보다는 사실 어른 쪽이다.

  몸 깊숙이 간직한 경험은 상상이 그려낸 그림을 액자에 맞추어 보았을 때 그러하듯이 말소리를 따라 나온 환한 바깥에서 제 몸에 난 어딘가 이치에 맞지 않는 구멍을 처음으로 마주한다. 경험을 목격하고 인출한 시점 사이가 멀면 멀수록 더욱 그러하다고 할 때, 어린 내게 들러붙은 경험은 더 나이 든 내가 익힌 이치대로 정을 맞는다.

  목격한 대로 간직한 기억이 낯선 화자가 제시하는 길을

따라야 어둔 동굴을 지나 외부로 쉽게 나가는 이치란 여전히 납득하기 어렵다. 그래놓고도 내가 쓰면 쓸수록 그렇게 하려는 유혹에 자꾸만 굴복하고 싶어진다는 사실은 훨씬 더 그렇다. 의심받지 않는 말을 하기 위해 자꾸만 스스로를 저버리려 든다는 점. 믿을 만한 이야기를 하려고 믿을 수 없는 사람이기를 자처하려는 점.

하지만 내게는 이제 상상과 목격이 남긴 장면, 달아나는 머릿속이 만드는 그림 안에서 살았던 경험이 뇌리와 몸에 각각 새겨져 있다. 그러니 나는 문장을 자아내는 물레 손잡이를 쥐고 싶어 만지작대는 머리 대신, 손잡이가 놓인 조타석을 눈에 내어주었다. 머리가 만드는 글이 돌파구를 찾지 못해 이치를 붙들고 맴맴 도는 동안 눈이 흡수한 감각은 다시 만나리라 예상치 못할 만큼 세포 깊이 숨은 기억을 수면으로 끌어올린다. 어둠과 압력을 이기고 바닥까지 잠수해 건져낸 수고에도 머리는 주제에 맞지 않는 듯한 기억이 대뜸 영사되는 까닭이 무엇인지부터 참을성 없이 의아해하다가 이내 눈을 통해 읽히는 연결점에 설득되어 주도권을 내어준다. 하고 싶은 말에 잡음 없이 접속할 때 몸으로서 눈은 저편에서 경험을 응시하고 머리로서 눈은 경험이 활자를 거쳐서 이루는 배열을 첫 번째 독자로서 읽어나간다.

머리와 몸 가운데 굳이 몸을 믿는다고 말하는 큰 이유는 여자들과 상상한 대로 일하고 상상한 대로 사는 집으로 돌아오는 삶이 직전까지 머리로는 찾을 수 없는 길이었기 때문이다. 그리고 몸은 아무런 의심 없이 처음 들어선 경로를 부드럽게 운행해나갔다. 봄알람에서 우리는 내고 싶고 내야 한다고 느끼는 책을 여러 권 만들었고 종종 여행을 다녔다. 대중없이 일하기도 했지만 꼭 일할 때가 아니라도 만나 놀면서 술을 마셨고 위기가 찾아오면 같이 싸웠다. 마음이 가장 무너졌던 순간에는 이문동에서 만나 자취방보다 조금 넓은 근처 모텔에 모여 함께 잠들기도 했다. 이문동 자취방에서 우리는 수업과 수업 사이에는 낮잠을 자러 갔고 생일에는 파티를 했고 선거철에는 티브이를 봤다. 나 없이도 친구들이 방에 들어가 밥을 먹겠다는 연락을 받았던 때 몹시 즐거워했던 기억이 남아 있다. 수없이 함께 먹은 밥 가운데 서울 남부 끝에서 일을 끝내고 파김치가 되어 북쪽 끝인 집으로 느지막이 들어왔던 날 작은 밥상 위 김치찌개에 명란젓을 얹어먹은 순간은, 순간이라 이름 붙인 모든 장면이 그러하듯이 여태까지 내게 무척이나 생생하고 강렬하게 남아 있다. 이문동 자취방에서 살다시피 하던 때, 우리는 이 순간이 서로에게 적합하다고 여겨 나중에도 함께 살기로 약속했다. 그 시절 일기에는 일상에서 받는 안온한 느낌이 든다는 말이 자주 적혀 있다. 안온이라는 글자는 몸이 폭 담기는 따뜻한 목욕물을 닮았다. 그러나 내가 사는 장면을 또다시 누군가에게 그림으로 보여줄 때는 그 실현 가능성에 대한 질문을 자주 받았다. 막상 우리가 사는 모습이란 무척 자연스러웠기에 아무도 이 그림을 직접 보고서는 의아한 구석을 찾지 못했음에도 그랬다. 애초에 그림은 실현한 후부터는 사진과 분간할 수 없다.

    마치 목욕물을 왜 좋아하느냐는 질문에 답할 때와 같이 그냥 살라는 답에는 어떻게 하면 그냥 살 수 있느냐거나 그냥 살 수 있는지를 어떻게 확신하느냐는 반문을 받았다. 한때는 질문에 적힌 '어떻게'에 곧이곧대로 대답하거나 이를 잘 전할 방도를 고민하고는 했지만 대체로 자신이 갖는 의심을 거두어줄 방법을 내게 물었다는 데에서 이미 질문에 답할 수 있는 길은 없었다. 그래서 나는 계속 그냥 살라고 답했다. 다만 그냥 살라는 이 말이 적당한 언어를 몰라 튀어나온 답이 아니라, 답에 설명 불가능성 혹은 불필요성을 담은 적당한 언어임을 보여줄 길을 찾자고 생각했다.

    질문은 때로 심문이기도 했다. 같이 살겠다는 우리에게 그러다가 누가 먼저 결혼하면 어떡하느냐는 질문과, 만일 그 약속이 지켜지지 않으면 어쩌느냐는 질문이 그랬다. 의심은 때로 단정이기도 했다. 이런 약속을 하고 또 믿을 나이는 지나지 않았느냐는 뉘앙스에 더하여 그러다 한 명이 배신하기 마련이라는 충고에는 그림이 현실과 합류하는 시기가 끝나는 시점이 지레 설정되어 있었고 그럼으로써 꿈과 현실이 임의로 분류되었다. 요약하자면 꿈을 깨라는 충고다. 그러나 삶에서 가장 자연스러운 시기로 기억되는 이때를 돌이켜 꿈같은 느낌과 현실감이 결코 분리될 수 없는 감각이었음을 곱씹어볼 때, 꿈을 깬다는 말을 새삼스럽게 바라보게 된다. 익히 화자가 청자에게 깨는 행위를 권하는 명령어 형식을 띤 이 문장에서 주체란 사실상 꿈을 꾼 청자가 아니라 말을 하는 화자가 아닌가 생각하게 되었기 때문이다. 가만히 바라보자니 이 문장이 꿈 깨, 보다는 산통을 깬다, 와 더 가깝다고 느낀다는 말이다. 언어는 아는 걸 잘 알아보기보다는 모르는 걸 모른다는 사실을 잘 알아볼 때 용이하게 학습되는 듯하다. 알고 있는 단어에 돌연 시선을 매다는 습관은 보통 모르는 면을 느낄 때 생겨나고 그럴 땐 대체로 계기가 있다. 이번 계기란 너는 왜 꿈을 깨? 라고 불쑥 물어보고 싶어졌던 데 있었다.

  우리는 여자들이 여자를 믿고 끝까지 남으면 바보가 된다는 신화를 익히 듣고 자랐다. 저녁 어스름이 진 공터에 우두커니 기다리다가 속았다는 사실을 깨달으면 모멸감을 느끼게 되리라는 충고를 해가 중천에 떠 있을 때부터 알고 있다. 여자들과 만든 달콤하고 따스한 공기에 속아 마음을 다 던져 넣으면 안 된다는 규칙을 학습했다. 내게는 이 신화나 충고가 점점 본능, 욕망, 꿈, 그림, 계획 가운데 무엇이라고 불러도 좋을 그림이 경험되었을 때 너무나 자연스럽기 때문에 오히려 경험되기 전에 최대한으로 저지하기 위한 시도로 보였다. 문제는 신화에 담긴 존재 이유나 충고에 포함된 의미를 모르는 이들일수록 들은 말을 적극적으로 재생산한다는 데 있었다. 막상 꿈 깨란 충고를 던진 자는 문장에서 꿈을 깨는 주체가 자신인 줄 모르듯이. 더 큰 문제는 신화를 깨고 싶은 마음이 강한 이들일수록 은근한 질문에 대한 정확한 답을 찾는 길에 진지하게 매달린다는 점이었다. 그 이유는 인정투쟁이기도 했고 희망과 섞인 자기 불신이기도 했고 없기도 했다.

　　불신과 충고와 질문이 오가는 와중에도 나는 마음 맞는 여자들을 찾는 족족 그들과 모조리 함께 살고 싶어 했다. 봄알람이 세 번째 여행지로 베트남을 찾았을 때, 나는 마음에 드는 게스트하우스에 홀딱 반해 이민할 방도를 검색하고 베트남어 강좌를 찾아보면서 같이 여행을 간 여자들과 한국에 남아 있는 여자들을 불러들일 작당을 했다. 함께 싸우던 동료들과 매일같이 만나면서 이럴 바에는 같이 살아요, 하고 서울에서 작업실을 찾을 계획도 동시에 하던 무렵이었다. 캐롤을 만난 테레즈를 다룬 김혜리의 평론에 나온 대목처럼 나는 언제나 온몸을 계획 속에 던지며 이렇게 말했다. 예스, 예스, 예스. 차도 위에 얹힌 집에도 던질 수 있는 몸이 가려야 할 물불이란 그 종류가 많지 않았다.

　　작업실 구할 계획에 부푼 와중에 누군가는 계획에 동의하지 않는 의견을 조심스레 내놓았고, 이쯤에서 달아오른 역동을 적절히 매듭짓는 결론이 차라리 나을 거라고 말했다. 나보다 여자들과 살았던 경험이 많았던 이였다. 나중에 이해했지만 뜨거운 물은 식고 식은 물은 미지근한 물보다 차갑기 때문이었다.

　　이제야 연결 짓건대 나에게도 그런 경험이 이미 존재했다. 여자들이 집단으로 만들어내는 열정으로 누에고치같이 안락하고 녹은 밀랍처럼 아슬아슬한 공간을 만들었던 인도에서였다. 센터에 사는 여자아이들에게 성교육을 하는 역할을 맡은 대학생 봉사단원으로 선발됐다. 팀 가운데 네 명은 벌집을 드나드는 벌마냥 서로에게로 쉼 없이 드나들었다. 일기를 끊임없이 쓰고 쓴 일기를 훔쳐보고 내용을 짜 맞춰 관점을 공유하고 훔쳐본 주제에 일기장에 적힌 내용을 두고 싸움을 걸고 싸움 건 놈이 되레 삐지고 삐지면 달래고 달래면 풀어졌다. 같이 일기를 쓰고 나눠 읽고 나서도 또 서로에게 편지를 썼다. 한 명이 샤워하는 욕실 문을 열어젖혀 같이 샤워하고 얌전히 샤워하는가 싶으면 팔에 다리에 치약을 짜 묻혀 달아나고 붙잡고 항복할 때까지 잡아두고 항복했다. 씻고 나와서는 옥상에서 나란히 몸을 겹쳐 누워 기타를 쳤다.

　　기독교 단체가 후원한 봉사 팀을 인도하려 파견 나온 독실한 간사와 팀장이 앞자리를 차지한 봉고 뒷자리를 한 줄씩 차지하고 누운 우리는 사실은 인간이 대부분 양성애자라던데 그리고 어디서 들으니까 이성애자가 생각보다 많지도 않다던데 너는 나는 우리는 이걸 어떻게 생각해 시끄럽게 묻고 답했다. 머물던 지역 이름인 살렘을 비틀어 이 사이를 살림살이라 칭했다. 여자들은 집단을 이루면 이름을 짓고 싶어 하는지 문득 궁금해진다.

　　두 달은 하루도 남김없이 완벽한 시간이었다. 그러나 나는 한국으로 돌아와 그때 만든 사진첩을 오래도록 다시 펼 수가 없었다. 단체에서 만든 간행물이 우편으로 올 때마다 소스라치는 시간을 길게 가졌다. 당시보다 현상을 설명할 통로를 많이 갖게 된 지금, 사진첩을 열지 못하는 마음과 소스라침이 어디에서 왔는지 논리를 붙이자면 붙여볼 수도 있겠다. 하지만 폐부를 찌르는 통각은 아직 은폐나 부인보다 나은 설명을 기다린다.

　　어쩌면 그저 너무 소중한 기억은 입을 열어 말하기 어렵기 때문인지도 모른다. 주제에 걸맞게도 나는 시선이 향하는 곳만을 바라보고 좋은 기억만을 되뇌고 사랑하는 마음을 말로 표현하기를 서슴지 않는 삶을 살아왔다. 그런 삶을 살아왔기에 이 주제를 맡았다는 말이 정확할 정도다. 마음은 무거울수록 말하지 않아도 전해지게 마련이고 말은 마음을 담기에 너무 가볍다는 내 나라 정서와 그로부터 파생된, 진심을 말로 전하면 그 농도가 옅어진다는 은근한 미신 역시 극도로 혐오한다. 그러나 주제를 받자마자 떠올린 두 사람에 대해서는 아직 한 문장도 제대로 쓸 수가 없다. 당시에는 마음을 말로 반복해 전했음에도 그렇다. 이문동에서 나와 함께 지낸 두 사람은 내게 로프였다.

　　로프는 발간되자마자 구입한 최은영 소설에 나온 표현이다. 여자가 다른 여자에 관해 설명하며 벼랑 끝에 달린 로프 같아서, 라고 쓴 문장에 나는 동시에 이 둘을 떠올렸고 그들도 나를 떠올리리라 믿어 의심치 않았다. 최은영이 그 표현을 쓴 이유처럼 나도 그들을 통해 가장 깊은 차원에서 존재를 확인하고 세상과 연결됨을 느꼈다. 그리고 숨을 쉬었다. 학부 시절 남자친구 집과 내 집을 오가던 무렵에 버스 손잡이를 잡고 난생처음 현실과 무관하게 떠올린 어떤 장면이 어떤 여자에게 생긴 아가미였음을 반추하여 그 직전에 무엇을 가지고 싶었던지와 비교해 더 분명해졌다. 아기가 머리 위에 난 말랑한 숨구멍으로 호흡하듯이 내게 호흡을 느끼는 통로도 호흡기관과는 다른 부위에 있었다. 숨을 쉰다고 느끼게 하는 둘과 나는 삶에서 단 하나 절대적이라 믿었던 공고한 축이 무너진, 무엇도 확정할 수 없는 세계로 몸과 머리가 기꺼이 투항한 이후 펼쳐진 시절을 함께했다.

순간을 붙잡아 빛을 밝힌다. 자취방 한가운데 들인, 또다른 화산섬에서 구입한 고래가 매달린 난방 텐트에 엎드려 나는 자주색 일기장에 또박또박한 글씨체로 그렇게 적었다. 그러면서 그보다 몇년 전 지수와 암파와에서 나룻배를 타고 반딧불이 매달린 나무를 보았던 밤을 떠올렸다. 단지 그날을 위해 암파와로 향하고 오로지 그 강을 볼 목적으로 라섹 수술을 했던 여행이었다. 주변시, 눈으로 보기 위해서 시점을 또렷이 세우지 않고 정신을 내보낼 통로로 쓸 양으로 힘을 풀고 다소 흐리멍텅하게 바라보아야 무작위로 반짝이는 불을 눈에 들일 수 있던 그 나무처럼, 이끼 묻은 바닥에 놓인 내 진열장 안에는 기대가 꺾일 때마다 생각을 놓칠 때마다 앞을 보느라 나를 잃을 때마다 만들어진 순간들이 조금씩 흐려지는 명도로 자리하고 있다.

내 삶에서 좋은 순간이란 여자들과 있을 때만 만들어졌고 그러니 나는 지난 몇 년을 신화를 깨부수고 여자들에게 내가 말로 알려주거나 대신 만들어줄 수 없는 순간을 만들러 가라고 부추기는 데 바쳤다. 내게서 떠오른 그림 조각과 어느 순간 이후 그 그림대로 삶을 주파해나간 행로가 그 손쉬운 증거였다.

질문과 답에만 골몰해서는 가질 수 없다는 진단은 증거로 시선을 옮길 이유를 만들었다.

그렇다면 목격된 순간이란 어떻게 몸에 남는가. 또는 몸은 어떻게 목격될 만한 순간을 가질 수 있는가. 오드리 로드가 말한 대로 직관이 분석에 가려지지 않으면. 내가 말한 대로라면 몸이 머리를 이기는 점을 찾고, 정신이 몸 안에 한 올도 남지 않고 눈을 타서 몸이 이룬 경계 너머로 빠져 나가면, 내면을 인식하는 데 몰리던 신경이 그렇게 이윽고 나를 상실하면.

때를 맞은 여자들은, 달린다.

들판을 가로질러 바다를 향해 달리다 뒤돌아 다른 여자를 응시하며 자신이 이 순간을 오래 기다려 왔노라고 말하며 웃는 여자같이 달린다. 그를 불안하게 뒤쫓던 여자는 묻는다. 죽음을요? 달리던 여자는 말한다. 달리기요.

여자들은 달리면 죽으리라 의심받고 달리고 싶어서 죽었다 추측되고 달리는 방편으로 죽으려 들 테고 죽고 싶지 않아 달리기를 시작하고 죽음을 감수하고 달리기를 이어간다. 이때 달리기란 시선이 주파하는 대로 몸을 움직이는 행위다.

대학원 햇수에 맞추어 계약한 2년이 지나고 이문동을 떠났다. 그 뒤로는 공석에서 다른 주제로 이야기하고 돌아와 사석에서는 여전히 이 그림에 열중했다. 눈앞에 떠오른 그림을 그려나가는 방법은 여자들 사이를 눈으로 주파하기였다. 주파는 열을 일으키고 그것을 따라 달리면서 붙잡힌 순간은 꽁무니로 반드시 흔적을 남긴다.

페미니스트 가운데 남자친구를 둔 여자들은 여자끼리 사는 그림을 이야기로 보여줄 때 백발백중 솔깃해했다. 모계사회를 다룬 첫 번역서에 나오는 대로 당장 헤어지지는 않더라도 최소한 같은 공간에서 살림을 합칠 생각까지는 하지 말고, 다른 여자들과 살 계획을 하고, 남자친구와는 그냥 사귀는 사이로 지내라는 말에 반색했다. 여러 질문에 답한 끝에 그들에게 거꾸로 여자들과 살기로 할 때 얻을 수 있는 분업, 돌봄, 지성, 친밀감,

재미 가운데 남자친구가 무엇을 주느냐 물으면 한 번도 제대로 답을 듣지 못했다. 답하지 못한 스스로에게 화가 난 여자들은 남자친구와 싸우고 화해하거나 그 과정을 몇 번 반복하다가 대체로 헤어졌다.

점은 두 개까지는 선, 세 개부터는 원을 그린다. 나는 이 원을 전파하고 다녔고 이문동에서 모여 살았던 셋이 그린 그 원형은 한 명이 아프리카로 떠나면서 아프리카와 이문동, 내가 옮겨간 신촌을 꼭짓점 삼은 만큼으로 넓어졌다. 원에 대한 내 열정은 얼마간 직접 원을 만드는 데보다 많은 여자들에게 제 원을 만들러 달려가라고 부추기는 데로 옮겨갔다.

달리는 여자들은 어딘가를 향하는가. 시선이 꽂히는 다른 여자에게로 움직일 때, 여자는 운동한다. 사랑하는 마음이 운동하며 운동하는 가운데 사랑하고 운동을 사랑한다. 낙태죄를 폐지하기 위해 싸우던 2018년, 나는 동시에 탈코르셋 운동에도 심취했다. 정확히는 그 운동에 동참하는 여성들을 응시하고 그들로부터 맞응시를 당했다. 탈코르셋하는 여자들은 강요된 꾸밈을 벗으며 규범적 여성성을 갖추는 과정을 의미하던 즐거움을 이를 이탈한 상태와 연관 지었다.

순간은 새로울수록, 여자들이 여럿일수록, 그들이 생동하는 몸짓을 할수록 쉽게 얻어지며 나는 눈에 담지 않고서는 그 순간을 몸 안으로 들여오는 법을 알지 못한다. 생동하는 여자들이 모여 새로운 언어를 창조했으니 한시도 그로부터 눈을 뗄 수 없었음은 당연하다. 여자들은 적극 내달렸다. 주파는 겹겹이 쌓일수록 폭발에 가까운 열을 불러 일으킨다. 폭발 한가운데에서 여자들은 자신을 포함해 여자를 사랑하는 법을 완전히 새로 배웠다. 원하는 곳에 둔 시선을 빼앗기지 않기가 어째서 중요한지 익히부터 알았던 나는 탈코르셋 운동에 동참하는 내내 맞응시가 이곳저곳에서 비밀스레 혹은 공공연히 폭발하듯 만들어내는 열정을 비밀스레 목격하고 다녔다. 그때 내가 목격한 장면과 그로부터 변화한 감정은 한 권의 책으로 남았다. 서로를 바라보되 시선을 에두르고 몸을 가두어두어 어깨가 액자처럼 딱딱해졌던 여자들은 시선을 서로에게로 깊이 들이며 물고기처럼 헤엄쳤다. 남성이라는 매개 없이도 서로를 응시하는 방법을 알아낸 여자들은 오래도록 시간을 보내고도 헤어지고 싶지 않아 자꾸만 뭉쳐 다니고 거리낌 없이 집을 드나들고 헤어지고 난 뒤에도 곧장 통화했다. 눈이 맞으면 몸이 붙는다. 여럿이 붙인 몸에서 나는 열은 여럿을 매개하고도 남아 개개보다 넓은 공간을 형성하여 모두를 안락하게 누인다.

누에고치같이 안락한 공간을 처음 경험한 곳은 강남역 여성혐오 살인사건 전후로 몸과 감각에 대한 전회를 겪기 직전 머물렀던 인도였다. 45도를 웃도는 날씨는 우리를 최대한 걷지 않게 만들어 주었다. 숙소 문 앞에서 센터 문 앞까지 노란 봉고차가 와서 우리를 실어가고 숙소로 돌아가는 길에는 매일 들르는 과일가게 문 앞까지 차가 섰고 숙소 안은 좁아서 움직일 공간이 마땅치 않았다. 그러니 들판을 내달려 바다를 향하는 몸과 망고를 까 먹고 열에 축 늘어진 몸이란 사뭇 다르다. 하지만 우리는 서로에게로 쉼없이 드나들었다. 봉고를 타고 밤에도 후덥지근한 바람을 들이는 차창을 열면 야자수가 보이고 옥상에 올라가면 별이 보였다. 돗자리를 깔고 여럿이 누워 별똥별이 떨어지면 남자친구와 헤어진 이야기를 해줄게, 하는 말이 끝나자마자 별똥별이 떨어져 키득거릴 때 바라보던 하늘은 경이로 남아 있다. 옥상에 올라가지 않은 날엔 라면을 훔쳐 끓이지 않고 부숴 먹으며 새벽까지 영화를 봤다. 침대를 여러 개 붙여 드러누워 본 영화 내용이란 매번 그리 시덥지 않았지만 흰 벽에 홀로 그램 물고기를 닮은 빛을 쏘여주던 흰 영사기가 남아 있다. 빛을 눈으로 내보내는 데 충실하기만 한다면 누워서도 달리기를 할 수 있다.

동시에 내게는 뜨거운 물은 식고 식은 물은 미지근한 물보다 차갑다는 증거도 점점 쌓여갔다. 어쩌면 어떤 대목을 말로 할 수 없는 마음이란 누구에게서 먼저 일어난 일이건 함께 만든

자리에서 열감이 식은 이후를 다루어야 함을 알기 때문인지도 모르겠다. 입을 열면 그 냉기가 다시 스물스물 올라오기 때문에. 열정이 빠져나간 자리에서 느껴지는, 이탈리아 피사로 카우치서핑을 갔을 때 얼음물을 끼얹고 에어컨을 튼 꿈을 꾸며 덜덜 떨었던 냉습한 겨울 공기 같던 공허감에 나는 나를 벗어나 빛나는 순간을 만들고 돌아오는 데만 일생토록 골몰하던 몸을 더는 벗어나지 못했다. 시선을 두고 옮길 줄만 알았지 시선이 거두어질 때 느끼는 감각은 시선을 기다리지 못하게 할 뿐 아니라 다시 어디에 두기도 어렵게 만들었다.

오키나와에 이어 짧게 여행한 대만에서 어떤 순간도 가지고 들어오지 못했음은, 그러니 예견된 일이다. 정확히는 가지러 나가지를 못했다. 1년 전쯤 띄엄띄엄 읽은 나희덕 시선에는 친구에게 뱉을 수 있음과 삼킬 수 있음에 각각 감사하자고 말하는 시가 나온다. 그러고 보니 대만에서는 무슨 일이 있어도 글을 완성하겠다는 계획을 품고도 도저히 글이 나올 기미가 보이지 않아 초조한 마음에 현관문을 나서기 직전 혹시 몰라 한 권 집어 나온 시집이 마침 이 시가 실린 시집이었다. 머릿속으로 1년 전을 더듬어 눙치던 시구를 손 닿는 거리에 둔 가방에서 꺼내어 바로 확인할 수 있는 이런 우연이 만든 이야기를 나는 규모와 관계없이 여행이라 불렀고 그리로 매번 적극 올라탔다. 이제 이런 우연을 경이롭고 반가워하기보다는 객쩍어했다. 비슷하게 일어난 변화였다. 1년 전까지만 해도 하고 싶은 말을 뱉고 하지 않을 말을 삼킬 수 있음에 감사하자는 말로 받아들였던 시구는 이제 와 목격한 경험을 뱉어내고 목격할 광경을 삼켜둘 수 있음에 감사해야 한다는 뜻으로 읽을 수도 있으려나 하는 물음으로 떠올랐다. 각각이 마치 체한 보아뱀과 배고픈 펠리컨인 듯. 이성애 규범성과 가부장제에 편입됨을 현실로 전제하는 신화와 맞서 싸우기를 계속하면서 꿈과 현실을 임의로 분류하는 데 반발하던 내게 찾아온 현실감이란 종류가 달랐지만 한편으론 유사했다. 합류한 꿈과 현실이 분기되는 과정이란 현실로 전

제된 결말은 바뀌었어도 고통스럽고 비참했다. 발 딛은 현실이 싸울 근거였던 나는 사실 저절로 떠오르는 그림도 없고 예비된 계획도 없는 와중에 멍하니 앉아 있는 시간이 길었다.

바깥에 나온 액체 같던 몸, 이동이 이루어질 때마다 한 줄 한 줄 시차를 두고 차근차근 도착하는 무지개를 그리던 스프링같이 몸이 열리는 지점을 정확히 알 수 있을 만큼 열고 닫기를 반복하던 몸 찰랑찰랑한 흰자가 막을 찢고 또 입는 일을 속절없이 반복하다가 어느 순간 그렇게까지 하지 않아도 된다는 요령을 발견한 몸이 계란의 껍데기를 깨고 또 입는 일을 수고스레 여길 때. 출발지에서 도착지로 시차를 두고 미련 없이 옮겨지던 몸이 출발지들에 끝내지 못한 사랑과 거두지 못한 감정을 군데군데 남겨두었을 때, 그래도 나아갈 수 있음을 발견했을 때. 환기가 해소가 아니라 돌아올 곳을 구태여 다시 떠나는 피로로 여겨질 때, 껍질을 다 깨고 입는 요란 대신에 뒷면을 남겨둔 채로 표표히 유람하기가 안전하고 평온하게 여겨질 때 여행은 관광이 된다.

대만에서 택시를 타고 가다 떠올린 메모에는 이렇게 적혀 있다. 이 글에 쓰려고 염두에 두었으나 그러지 못할 중얼거림이다. 글에는 글을 적는 내가 고스란히 드러난다. 여자들과 맺는 열정이 남기기 마련인 공허감을 경험한 뒤에도 주파하기를 멈추지 않아야 한다는 태도를 지켜야 하는데 그러지 못해 위축되고 난감한 시간은 오래갔고 반짝 아닌 순간이 찾아와도 마찬가지였다. 그 태도를 유지해야 한다고 느끼는 이유와 그러지 못해 느끼는 난감함은 둘 다 대전과 대구에서 만난 동료들로부터 왔다.

앞서 이문동에서 함께했던 한 명은 내가 살던 자취방에서 이어 살았다. 이문동을 떠나 같은 해 소속을 옮긴 곳에서 나는 혼성 집단에 속해 역동을 만들기를 용감하게 시도하나 실패했다. 얼마 지나지 않아 그로부터 발견한 문제 해결에 동참하고 여자친구들이 남자친구와 헤어지는 과정을 가까이서 함께하면서 여성 간 친밀성이 존재해야 하는 이유를 다시 한 번 배우던 때였다. 경험보다는 그것으로 알 수 없는 영역을, 맺어지는 순간보다는 그에 대한 실패를 배웠다. 번아웃을 겪고, 오랜 확신이 무너지고, 많은 상황에서 달아나기보다 순순히 잡혔다. 그래서 나는 부득불 자취를 해야 한다고 우겼던 집 근처에 있으면서도 이문동에 일주일에 한 번씩 갔다. 끝났다고 생각한 충돌이, 이루었다고 생각한 합류를 잃은 시기였지만 나아가는 데 연료처럼 썼던 시간을 이번에는 그 속에 머물며 오롯이 누리고 싶다는 마음도 찾아왔다. 버지니아 울프가 파티가 끝난 뒤에 옹호했다는 일상성은 꿈이 실현됨으로써 만드는 일상과는 또 다른 방식으로 경험되었으나 당시에는 그대로 감각하기 어려웠다. 발걸음을 뻗어내기보다는 무릎이 꺾이는 겸허함을 더 자주 생각하던 시간이었지만 주짓수 연습 시간을 빼먹고 맥주를 마시고 서울 시청에서 경복궁을 지나 산책하던 순간은 여전히 반짝인다.

다음 해, 나머지 한 명도 한국을 떠났다. 나는 기회가 닿는 대로 대전으로 향했다. 대전에서 세 명이 상근으로 활동하는 보슈는 내가 쥔 또 다른 숨줄이었다. 셋 가운데 어쩌다 하나가 서울에 왔다가 대전으로 가면 서울역에서 만나 따라가고 그렇게 만난 다른 하나와는 새벽 5시가 넘도록 갑천을 걸으면서 허리를 펴지 못하게 웃었다. 또 다른 하나가 사는 집에서는 6시가 넘도록 수다를 떨었다. 그와 지척에 있는 집에서도 6시가 되도록 파란 리본처럼 생긴 고양이 장난감을 돌돌 감았다 풀면서 이야기했다. 집에서 하는 글쓰기 모임에 참가했고 독립해 집을 얻으면 놀러 오라고 초대받았다. 서울에서 잠시 시간이 뜬다고 하면 카페에서 한 시간 안 되게 수다를 떨고 또 헤어졌다. 대전에서 활동하는 일정이 있으면 몰래 방문했다. 서로 강연을 한다고 하면 따라오고 따라갔다. 지구에서 내 연애사를 다 아는 건 민경밖에 없네, 하는 말과 엄마와 언니 이야기를 소상히 들었고 전시회 개막일에 전시된 글을 읽었다.

그들은 나와 대체로는 시답지 않은 소리를 했지만 순간

을 부여잡는 데로 신경이 쏠리는 눈을 이해했고 이런저런 길을 찾아 주파한 궤적이 사뭇 닮아 있었고 이제는 그 궤적을 내는 대로 너무 빠져들면 수치스러워져버린 감각도 공유했다. 횡설수설한 이야기를 듣고는 굳은살이 생긴 거구만, 넌지시 요약해주기도 했다. 나는 그들과 이웃이 되고 싶었다. 셋 중 일부를 만나고 서울로 가는 길에는 마음을 다 쏟아 슬픔이 고이는 신호를 느꼈고 그럴 때면 서글프면서도 반가웠다. 집단을 결성하면서 일어나는 열정과는 달리 이미 만들어진 집단을 이룬 이들 각각을 기웃거리며 고루고루 사랑하는 일, 한집에 모여 살거나 그러자고 약속하는 대신 이미 저마다 하나씩 살고 있는 집들을 드나드는 일은 애정뿐 아니라 은근함과 조심성을 필요로 했다. 어느 날 서울로 향하는 기차에서는 이렇게 적었다. 가슴속 말을 열기가 실린 그대로 내보내는, 원래 방식이라고 생각하는 대로 소통하지 않음에도 앉아 있을 때 얌전한 공기와는 대조되게 아주 많은 이야기를 할 수 있고 깊은 속을 터놓을 수 있다. 이야기를 홀랑 덮어쓰고 상상이 직행하는 속도를 그대로 따라 이야기하지 않고 서로 눈을 쳐다보는 일도 별로 없지만 미래에 대해 말하고 고민을 늘어놓고 조금씩 묻는 말에 작게 반가워하면서 열심을 열심히 누르며 대답한다.

　　대구는 대전에서와 마찬가지로 강연을 요청받아 만난 곳이었다. 굳은살이 생긴 거라는 진단을 적절하다 여길 무렵 목욕탕으로 향하던 택시 안에서 강연 요청을 담은 긴 편지를 받았다. 굳은살이 깨지리라는 기대로 대구에서 1박 2일을 지낼 요량으로 강연을 2회분 주최해주기를 부탁하는 답장을 보냈다.

　　그들에게로 가는 길에 나는 오랜만에 달리는 것 같았다. 마치 한참을 누워 있다 마지막 하루 일탈을 감행했던 인도에서처럼. 여자 외국인 관광객에게 인도는 위험했기에 프로젝트는 무조건 팀 단위로 이루어졌는데, 한국으로 가기 전 마지막 날 나는 시내 관광에 함께하기 싫어 아픈 척을 하고 철제 침대에 누웠다. 다른 친구 하나도 자겠다며 숙소에 남았다. 사실은 딱

한 번만 팀 단위로 이동하는 대신 직접 시내를 누벼보고 싶었다. 자고 있는 다른 친구가 어떤 마음일지 눈치를 보느라 바로 누워 신경을 곤두세우며 시간을 한정없이 흘려 보내다, 팀원들이 돌아올 시간이 다 되어서야 간식을 딱 한 개만 사 먹고 시치미를 떼고 다시 침대에 누워 있자고 꼬셔 나갔다. 그와 나는 너무 긴장해 거의 날듯이 뛰느라 거리는 구경하지 못했고 간식도 먹지 못했다. 이런 모험담이 으레 그러하듯이 호텔로 들어온 순간 로비에서 하필 관광을 마치고 돌아온 팀원들과 정면으로 마주쳤다. 낭패라고 좌절한 우리에게 간사는 낌새를 눈치채지 못한 목소리로 내려와 있었어? 하며 우리를 반겼다.

그러나 달리는 여자들이 반겨지는 일은 쉽게 일어나지 않는다. 대구에서 만난 동료들은 진주에서 만난 동료들과 비슷하게 탈코르셋을 했다는 이유로 거리에서 위협을 당하고, 가족에게 통제를 당하고, 친구들에게 미움을 받았다. 해방되고 사랑하는 한편 위협받고 소진되는 그들을 위한 강연 자리에서 나는 오래된 기억을 이야기로 만들어 다음과 같이 들려주곤 했다.

통번역대학원을 다니던 때 젠더를 주제로 불어로 진행되는 과목이라는 점이 눈에 들어온 까닭에 일반대학원 수업을 하나 들었다. 수업에 가보니 나를 빼고는 모두 아프리카인이었다. 여자는 그 가운데 둘 있었다. 내게는 둘 중 한 명이 눈에 들어왔다. 크리스텔은 가봉에서 한국으로 파견 온 유능한 외교관이었다. 수업이 진행되는 동안 남자들은 여자들의 가사 노동이 여자가 누리는 행복이기 때문에 빼앗을 수 없다고 말하고 저들끼리 동의하며 낄낄대고 웃었다. 크리스텔은 아니라고 말했지만 남자들은 듣지 않았다. 나는 지난 시간 한 남자에게 번호를 달라는 청을 받고 만일 거절한다면 인종차별일지 아닐지 고민하다가 어물쩍 번호를 빼앗긴 참이어서 메신저를 열어 Vous parlez trop, 당신은 말을 너무 많이 한다, 라는 메시지를 보냈다. 발신자를 확인한 그는 반색하고 메신저를 열었다가 이내 꽁한 표정을 지었으니 아마도 시무룩해진 듯하나 내가 알 바가 아니었다.
　　크리스텔에게도 그랬다. 그는 남자들이 낄낄거리거나 말거나 또 한 번 말했다. 자신과 같은 직업을 가진 남자친구가 더 늦게 출근하고 더 일찍 퇴근한다고 했다. 그러나 남자친구는 아침에 더 일찍 나가는 크리스텔이 보다 일찍 일어나 차려준 밥을 먹은 그릇을 설거지하지 않은 채 밥을 기다렸다는 말로 9시에 퇴근한 여자친구를 맞이한다. 프랑스어를 구사하는 프랑스인들이 목 뒤로 내는 소리와는 달리 프랑스어를 구사하는 아프리카인이 목 아래로 내는 소리로부터 알 수 없는 친근성을 느낀다. 크리스텔이 목 아래를 울려 전해주는 이야기에 붙잡힌 나는 이야기를 따라 그가 남자친구와 동거하는 아파트를 관찰한다. 소파에 누운 남자와 현관을 들어서는 영민하고 피로한 여자, 음식이 눌러붙은 식기와 시계. 그리고 이 장면은 몇 달 지나 쓴 다른 책에 한 축으로 들어간다. 여자들이 내는 소리가 형성하는 리듬이 불러내는 글자로 지은 구조물.
　　학기가 진행될수록 남자들은 아시아 여자인 내게 갖가지 방식으로 추근댔지만 수업 내내 내 시선은 곧게 크리스텔만을 향했다. 지속되는 삶에서 순간이라 의미화되는 장면을 눈으로만 담아서 가졌던 내게 안중에 없다는 표현은 아주 적합하다. 크리스텔도 그랬는지 밥을 먹자는 요구에 눈을 빛내며 응했다. 빛나는 눈을 가진 여자 속에는 이야기가 담기어 있다. 그는 외교관이 되고 한국에 파견을 온 지금같이 어디로든 가고 싶은 곳으로 간다고 했다. 한국으로 온다고 했을 때 친구들은 남자친구에게 허락을 받았느냐 물었고 크리스텔은 자신이 가려는 길이 어째서 허락을 구할 일이냐 반문했다고 했다. 그리고 그는, 운전에 대해 이야기했다.
　　나는 가봉에 자가용이 있어. 그래서 친구 남편들은 나를 싫어해. 순접으로 이어진 별개 문장에 숨은 행간은 다음과 같다.

친구와 드라이브를 하고 싶은 날에 크리스텔은 차를 끌고 친구 집 앞에 세운다. 친구를 불러내 옆자리에 태워 떠난다. 남편은 언짢아한다. 드라이브를 마치고 돌아온 친구에게 남편은 크리스텔을 만나지 말라고 한다.

남편은 친구에게 이동성을 부여하는 자동차에 위협감을 느낀다. 그런데 친구는 이미 집 안팎에서 남편보다 더 많이 움직인다. 행복으로 찬미되는 설거지를 하고 차를 끓이고 아이를 돌본다. 어쩌면 자동차에 앉음으로써 드디어 움직임을 쉬는 셈이다. 그러나 그는 자동차를 통해 이동성을 확보한다. 크리스텔이 불러내는 대로 몸을 움직여 남편이 제가 생각한 대로 제가 결정한 범위대로 움직이리라고 여기는 기대를 배반한다. 이동을 결정할 권한은 처음부터 남편이 그러쥔 손아귀 안에 없다.

크리스텔은 이동 수단을 확보함으로써 친구를 자기가 가진 수단에 태워 끊임없이 움직이던 여자를 이동시킨다. 그러니 시선을 충실하게 따르기만 한다면 누워서도 달릴 수 있고 시선을 감추거나 배반한다면 트레이드밀에 속도를 9.0으로 맞춰놓고 하루 종일 뛰어도 달리기라 할 수 없다.

대학원을 졸업해 맡은 한 번역서에는 프랑스 보건부 장관이었던 시몬 베유가 1974년 했던 연설과 이후 진행한 대담이 나란히 실려 있었다. 대담에는 당시 프랑스 사회에서 낙태죄보다 논란이 되었던 문제는 피임약이 발명된 일이라는 언급이 있다. 간략한 문장은 크리스텔과 직접 만든 빛나는 순간을 더한층 풍부하게 한다.

여성이 몸으로 재생산하기를 결정하는 여부가 자신에게 있다고 믿었던 남성은 낙태죄를 합법화하라는 시위보다 피임약이 발명된 사건이 더 큰 위협임을 안다. 피임약은 임신한 결과에 대한 결정인 낙태보다도 임신을 결정하는 과정에 미리 관여한다. 여성은 그 권한이 그들에게 없었음을 비로소 깨닫는다. 임신이라는 결과를 두고 결정하는 낙태보다 피임약은 임신이라는 결과를 일어나게 하는 행위에 대한 키를 남성으로부터 여성에게로 돌리며 기울어진 방향을 바로잡는다. 출생 통제를 의미하는 단어는 문맥에 따라 피임약으로도 번역된다. 피임약은 임신 가능한 행위로부터 임신이라는 결과를 미연에 삭제할 여지를 만들어준다. 그 여지로부터 여자들이 시작하는 고민은 남편 아닌 남자와 외도하는 선택을 초과한다. 누구와 섹스할까. 크리스텔이 진작 전해준 이야기는 프랑스 낙태죄 운동을 배경으로 삼은 레즈비언 영화를 해설하러 간 부산에서 자료를 찾아보던 밤 다시 돌아온다. 오랜 이야기는 프랑스에서 낙태죄 폐지 운동이 일어나던 시절 페미니스트들이 대거 이혼하고 레즈비언 관계에 접어들었다는 역사적 사실에서 비었던 행간을 비로소 똑바로 메우게 한다. 베유는 68혁명 당시 운동한 페미니스트와 비슷한 무렵인 2017년 세상을 떴고 임신중지를 합법화한 공로를 인정받아 국립묘지인 팡테옹에 묻혔다.

탈코르셋은 부동성으로 수렴하기를 권장받던 몸에 이동성을 부여합니다. 친구 집 앞에 차를 세운 크리스텔과 그들이 떠난 드라이브는 임신중단과 탈코르셋을 주제로 부탁받은 강연에 속속 등장한다. 어느덧 임신중단으로 시작한 강연은 탈코르셋으로, 탈코르셋으로 시작한 강연은 임신중단으로 돌아오고, 열리는 장소나 중심된 주제와 무관하게 겹쳐지는 장면에 질문을 덧붙여 그 답을 청중에게서 구하며 끝이 난다.

그렇다면 드라이브를 떠난 둘이 영영 귀가하지 않는다면 어떨까요? 여자와 눈으로 주파한 순간이 아쉽지만 아쉬워서 아름다운 장면으로 기억되는 끝을 맞지 않는다면 어떻게 될까요. 남편을 둔 친구와 남자친구를 둔 크리스텔이 열어 보인 세계는 청중이 그들과는 다른 방식으로 직접 만들어가는 세계와 만난다.

강연이 끝나고 나뉜 테이블에서 밥을 먹은 뒤 향한 엔제리너스에서 나는 졸업논문을 쓰기 위해 관심을 가지고 있는 주제를 이야기했다. 들리는 질문은 유사했다. 너무 가까워졌다가 나중에 서로 배신하면 어떡하죠? 다가갔다가 상대가 싫어하면 어떡하죠? 우정 이상으로 어떤 감정까지 가져도 되는 걸까요? 엄밀한 학술성을 띠고 하는 말은 아니지만, 우정은 내밀한 낭만과 열정을 동반하나 한편으론 집단 내 구성원이 서로에게 갖는 감정에 대한 평등성을 보장하는 장치로도 쓰인다. 실제로 이들은 관계가 어떤 방식으로든 깊어질 경우 일어날 수 있는 파국을 걱정했다. 경험해놓고도 잊어버리고 또 경험하기를 반복하다가 그제야 깨달은 나와 달리 집단을 통해서 맺은 친밀성을 소중히 유지하고자 하는 시도였다.

그 시도는 분명 의미가 있다. 하지만 오래전 직접 들었던 질문과 전혀 다른 동기에서 유사하게 나오는 질문을 듣자니 남자친구를 사귀는 여자들에게 말 걸던 때와 비슷하지만 다르고 다르지만 비슷하게, 페미니스트 동료들이 유지하는 우정에 개입하고 싶어졌다. 그래서 나는 술집에서 오래 뒤풀이를 가지면서 몸이 기억하는 이야기를 전부 쏟아부었다. 주로 여기까지 뻗어 나온 큰 줄기에서 일화만 소상히 늘린 이야기였다. 그리고 적당히 멈추는 법 없이 끝까지 내려가보기를 적극 종용했다. 그런 사람이 되거나 그런 사람을 만나면 머리로 하는 고민을 멈출 수 있고 오로지 그때에만 열리는 통로를 발견하기 때문이다. 그 통로에서 얻는 선명도는 분석으로 힘 받을지언정 분석만으로는 얻을 수 없다. 글을 쓸 만한 순간을 쥐고 돌아올 뿐 아니라 써서 내보내고 싶어지는 마음도 얻을 수 있다. 그런 사람이란 물론 내게 언제나 여자였다. 유혹에 굴복하거나 스스로를 저버리는 시도를 무용하게 만드는 여자(들). 그래서 나는 기억을 밝은 바깥으로 꺼내기 위해 매번 같은 방법으로 얻어냈으되 언제 어떤 문장이 되어 나갈지 알 수 없었던 이끼 묻은 바닥을 짚으러 기꺼이 내려간다. 때때로 나로부터 빠져나간 감각이 돌아와 몸속에 영원히 명멸할 순간을 쥐고 돌아오고 그런 순간은 고민이 멎고 앞을 또렷이 응시할 때 진주처럼 태어난다. 그리고 또 다른 진주가 태어날 자리를 마련한다. 오키나와에서 돌아온

직후 서울과 대구에서 동시에 연 글쓰기 강좌, '몸에서 뻗어내는 글쓰기'는 이날 나눈 대화에서 비롯됐다.

여자들이 서로와 깊어지지 않는 까닭은 오래된 신화 때문이다. 결혼하지 않는다고 말하는 입에 또래 가운데 가장 결혼을 빨리 한다는 부적을 붙여 그렇게 말을 하는 여자를 없앰으로써 신화는 생명력을 얻는다. 시선을 보내고 보낸 시선을 들인 여자들 사이에서 태어나게 마련인 같이 살자는 약속을 깨고자 한다. 사람 일은 모른다는 중립된 진실에다 그 가운데 한 명이 너희를 배신하면 어떻게 할 테냐는 야비한 질문을 달아 기어코 앞선 문장이 유지하던 중립을 무너뜨리면서까지 방해한다.

그뿐만은 아니다. 페미니즘을 만난 여자들이 어떤 여자들에게 특별한 열정을 느낌에도 이를 내보이지 않기 위해 애를 쓰면서까지 적절한 선을 유지하는 까닭은 어렵사리 만난 서로와 혹시라도 헤어지고 싶지 않아서다. 혹은 반복되는 공허감이 낳은 반복되는 슬픔을 더 이상 경험하고 싶지 않아 가지는 적절한 태도는 요령과 함께 지속성을 보장해준다.

그뿐만도 아니다. 방법을 몰라서다. 한국 사회를 살아가는 여자는 두 눈으로 왈칵 하고 치미는 감정을 곧장 드러내는 시도를 자주 저지당했다. 그 상대가 여자라면 더더욱 그러했다. 거절 공포와 자기 제어란 몸에 학습되어 있고 이성애 관계에서 남성이 자신에게 감정을 드러내고 보냈을 때 경험한 불쾌감은 학습된 상태를 유지 및 강화한다. 그러니 다른 세계에 대한 경험담은 의심을 숨긴 방어 논리를 곧추세우고 이때 방어 논리란 어째서인지 세계를 바라볼 수 있는 다른 관점을 요구하는 방식으로 설정되어 있다. 엔제리너스에서 나는 친구에게서 느껴지는 다양한 감정과 그로부터 떠오르는 그림과 그림을 실현하기 위한 계획, 그리고 그 지속을 어느 시점에 다다라 중지하도록 방해하는 구획 가운데 무엇이 부자연스러운지 물었다. 여자친구들과 관계를 맺어가다가 모여 사는 일과, 만나자마자 헤어짐을 예비하고 관계 맺는 일 가운데 무엇이 비현실에 가까운지 물었다. 학술 용어가 가지는 또 다른 맥락을 고려해야 한다고 생각하면서도 내버려두었다면 헤어지지 않았을 사이를 그저 그대로 두는 기획을 일컫는 분리주의라는 단어에 골몰하던 차였다. 추천사 작업을 하며 보니 모험담은 청소년에게 성인이 되어 미리 경험하게 될 사건에 대한 흥미를 불어넣고 서사를 만들어 나가기에 앞서 대강 궤적을 그려 용기를 주는 이야기라고 한다. 그때 호기심과 흥분이 공기를 빽빽이 메웠던 그 자리는 빼앗기지 않은 땅 위에서 아직 모험을 떠나지 않은 이들을 불러 모아 앞으로 경험하게 될 미래에 대한 모험담을 들려주는 구연동화 자리 같았다.

　　글쓰기 강좌는 총 5회였는데, 기찻삯을 아낄 요량으로 금요일 저녁과 토요일 오전에 연달아 두 주, 금요일 저녁 한 번으로 진행되었다. 금요일 저녁마다 재워주던 강연 주최자 집에는 여러 명이 함께 살고 있었고 각자 생활계획표를 붙여놓고 번갈아 밥을 해놨다. 복작복작하지만 서로 크게 신경 쓰지 않는 안온한 공기 속에서 오랜만에 깨지 않고 잤다. 설날을 맞아 수업을 쉬는 동안, 수강생들은 같은 집에서 명절 노동을 거부하고 설날에 모여 음식을 해 먹고 게임을 하며 놀았다고 했다. 내게 한마디씩 하라는 영상에서 누군가는 장난스레 세배를 하고 한 명은 숨었다. 영상에 보이지 않는 다른 한 명은 블로그에 그들과 함께 있는 동안 자신에게서 유발된 감정과 그로부터 포착한 경험에 대한 글을 적어두었다. 그날 한자리에 모였던 이들과 나는 그림을 가지고 무엇을 하자는 말인지 이번에는 정확히 알았다.

　　설날에 나는 단기간 작업할 새 작업실에 들어갔다. 집 근처에 여성 창작자들이 모여 글을 쓰는 공간이 있다고 했다. 그리로 향하는 길에 몇 년 전 영어 수업을 들은 선생님과 밥을 먹은 장소를 지나친 김에 연락을 했다. 마침 선생님은 성산동에 있다고 했기에 다음 날 만났다. 나고 자란 동네를 거의 옮기지 않았음에도 집 바로 앞에 반려견 동반 가능한 카페가 생긴 줄은 몰랐다. 선생님은 최근 여자들과 결성한 모임에서 경험한 친밀성을 다룬 글을 쓰고 있다고 했다. 성산동에서 지내는 이유도 그 모임 때문이었다. 그는 마침 모임 사람들과 저녁 식사를 하려는데 오라며 나를 초대했다. 개를 매개로 한 모임을 가진다는 건 온라인에서 종종 들었지만 그 모임이 이렇게나 가까이에서 열리는지는 모르고 있었다. 선생님은 벌써 2주째 그 집에서 지내고 있었다. 남 집에서 지내는 이유를 모르지도 않으면서 댁에 가시지 않아도 괜찮으냐 물었고 선생님은 자기 개가 잔디에서만 대소변을 보는데 시영아파트에 잔디가 많아 좋아한다고 했다.

후기

첫 책을 낸 이래 페미니즘을 주제로 하는 글을 부지런히 썼다. 단독저도 공저도 쓰고 직접 기획해서 쓰고 외부에서 청탁받아 썼다. 이번 글 대부분은 대만에서 완성되었다. 인천에서 대만으로 가는 비행기, 호텔 침대와 욕조에서 조용히 몰입하던 시간. 청탁을 받고는 부싯돌 같은 열감이 만드는 원에 대해서 쓰고 싶었는데 눈과 순간, 마음속에서 솟구친 그림과 눈앞을 사진처럼 포착한 장면에 대해서 더 오래 생각했다. 돌아오는 길에는 눈앞에 펼쳐지는 장면 가운데 같은 장면은 있을 수가 없으니 더 이상 새로운 게 없다는 말은 사실 어불성설이고 감소하는 건 새로움이 아니라 반가움 아닐까, 하는 생각을 잠자코 하면서 돌아왔다. 사랑과 한나가 제안한 글을 써야 한다고 머릿속으로 생각하는 내내 이만한 분량으로 글을 쓸 기력이 더 남아 있지 않았다. 이 느낌에 나는 늘 속아왔다. 쓸 만큼보다 더 쓴 듯한데 더 쓸 이야기가 있을까, 순간에 사로잡혀 밀고 나갈 악력이 남아 있을까, 이번에는 진짜, 하는 의심은 번번이 엇나갔다. 그런데도 또 이번에는 진짜라고 생각했다. 고맙게도 의심은 아직 나를 배반해준다. 이젠 진짜 끝났다는 좌절감도 넘어서야 하겠지만 앞으로도 속거나 속지 않을 요령을 피우지 않고 유혹에 번번이 걸려 넘어지는 몸을 가지고 싶다.

    페미니즘을 주제로 하고 있다는 걸 잊지 않았음에도, 쓰면서는 앞으로 다른 방식으로 내 이야기를 더 해보고 싶다는 마음을 갖게 되었다. 정확히는 유년기와 소년기 이야기인데 쓰면서 이야기가 될 수 있겠다는 생각을 처음으로 해보았다. 이미 말로 내보냈던 수많은 일화가 새록새록 기억나고 처음 다시 보는 장면이 여러 개 떠올라 자꾸만 그리로 더 가고 싶은 마음을 애써 눌러야 했다. 여자들 각자와 단둘이 만든 이야기는 아직

하나도 적지 않았고 그 모든 이야기에서 남자는 조연 미만으로 등장한다. 사랑과 한나가 제안해주지 않았더라면 나오지 못했을 글이고 먹지 못할 마음이었다. 이번엔 무엇을 쓰느냐고 묻는 질문에 장황하게 답변한 대로 사랑과 한나에게 여자가 여자와 가질 수 있는 좋은 감정 가운데 생활에서 오는 안정감과 에로틱한 긴장감 뺀 나머지를 모두 전한다.

　　글에 스쳐 지나간 흔적과 관련된 모든 사람에게 특히 고마울 수밖에 없는 작업이었지만 가장 최근 내게 따뜻함과 재치를 나누어준 서울과 대구에서 만난 동료들에게도 특별한 감사를 전한다. 집을 개방해 재워주고 수업에 열띠게 참여해주고 수다스러운 내 이야기에 밤이 늦도록 귀 기울여주고 같이 떠든 시간, 어떻게 썼는지 오랜만에 떠올릴 수 있게 해준 과제는 내게 글을 쓸 때 좋았던 감각과 다시 쓰고 싶은 용기를 일깨워주었다.

　　이 글은 늘 다른 데로 넋이 나가 있지만 이번에는 심지어 저절로 흘러 나가지 않는 정신을 내보내느라 한층 더 얼이 빠져 있는 나와 대만을 여행해준 두 친구에게 바친다. 시간이 아무리 흘러 익었던 낯이 때로 설어지고 같이 만든 원을 지키려 머무르는 대신 다른 원으로 나아가도 언제까지고 둘은 내 로프다.

　　　　　　　　　　　　　　　　　　　　　　　이민경

피리 부는 여자들
여성 간의 생활 · 섹슈얼리티 · 친밀성

1판 1쇄 발행   2020년 4월 13일
1판 2쇄 발행   2020년 6월 24일

지은이   권사랑 서한나 이민경
디자인   신선아
삽화   김나현
교정·교열   양선화
펴낸 곳   보슈 (BOSHU)
출판등록   2020년 2월 28일 제 25100-2020-00008호
전자우편   boshumagazine@gmail.com

ISBN 979-11-970047-2-8

이 책의 판권은 지은이와 저작권자 보슈(BOSHU)에 있습니다.
이 책 내용의 전부 또는 일부를 재사용하려면 반드시
양측의 서면 동의를 받아야 합니다.

이 도서의 국립중앙도서관 출판예정도서목록(CIP)은
서지정보유통지원시스템(http://seoji.nl.go.kr)과
국가자료종합목록구축시스템(http://kolis-net.nl.go.kr)에서
이용하실 수 있습니다. (CIP제어번호: CIP2018026287)